J.F.K.

L'homme derrière l'image

Fabien Laurand

Aujourd'hui encore JFK jouit d'une célébrité mondiale.

JFK était et demeure une icône : un président jeune, beau et dynamique assassiné dans l'exercice de ses fonctions.

Entre phantasmes, théories du complot, hagiographies, pamphlets et déclassifications successives d'archives gouvernementales, JFK demeure un mystère.

Qui était vraiment JFK ? Qui était l'homme derrière l'image ?

Je vous propose de découvrir l'individu JFK, ce qui le conduisait à agir et ce qui faisait de lui un être singulier.

Quelles étaient ses véritables motivations ? Je vous invite à les découvrir grâce à l'ennéagramme.

A-t-il réussi grâce à son père, à la mafia ou avec l'aide du clan Kennedy ?

Son talent a-t-il vraiment fait la différence ?

Jack l'héritier 5

À la conquête du pouvoir ou comment Jack devint JFK . 11

JFK Président ! 17

Assassinat, complots et légendes 23

Joe Senior : businessman, chef de clan et
marionnettiste 25

L'ennéagramme, révélateur des motivations 31

Le comportement de JFK 61

Les motivations de JFK 81

Le talent, révélateur du domaine d'excellence 101

Le talent de JFK 113

Bibliographie 123

Jack l'héritier

John Fitzgerald Kennedy, surnommé Jack par ses proches et mondialement connu sous ses initiales JFK est né le 29 mai 1917 à Brookline, dans l'État du Massachusetts.

Ses parents, Joseph dit Joe Senior et Rose ont eu neuf enfants : Joseph Junior dit Joe Junior, John dit Jack, Rosemary, Kathleen dite Kick, Eunice, Patricia, Robert dit Bobby, Jean Ann et enfin Edward dit Ted.

Jack est issu de deux familles irlandaises, les Kennedy et les Fitzgerald, qui ont travaillé dur pour s'élever socialement. Des deux côtés, la réussite a été au rendez-vous. Mais c'est grâce au père de Jack, Joe Senior, un homme d'affaires particulièrement efficace que la famille Kennedy est devenue très riche.

Jack est scolarisé à la Choate Scholl, un établissement très sélect. Adolescent, il rencontre Kirk LeMoyne Billings surnommé Lem. C'est la naissance d'une amitié qui durera une vie. Mais cette amitié n'est pas véritablement une amitié entre égaux. Lem est en quelque sorte le bouffon de Jack. Jack n'hésite pas à l'humilier ou à lui écrire une lettre qui commence par « Cher sous-homme » [1]. Lorsque Jack et Lem ont leur première relation sexuelle avec la même prostituée, c'est Jack qui a l'honneur de commencer.

Joe Senior anticipe que la crise de 1929 va changer les États-Unis et le monde. Il soutient la candidature du démocrate Franklin Roosevelt. Roosevelt est élu président des États-Unis en 1932. Mais Joe Senior échoue à obtenir le poste de secrétaire au Trésor qu'il convoite.

Roosevelt lui propose la présidence de la Securities and Exchange Commission (SEC), l'organisme mis en place après la crise de 1929 pour contrôler les marchés financiers. Joe Senior est ainsi chargé de remettre de l'ordre dans les banques et la finance alors qu'il s'est lui-même enrichi en spéculant à la baisse sur les actions pendant la crise de 1929. Toutefois, Joe Senior prend ses nouvelles fonctions à cœur. Il accomplit un sérieux travail de remise en ordre de la finance outre-Atlantique.

En 1935, Jack intègre la London Scholl of Economics, mais il doit rapidement interrompre sa scolarité pour des problèmes de santé. Puis il poursuit ses études à Princeton, qu'il quitte presque aussitôt, car il souffre d'une leucémie. Il commence des études à Harvard en 1936. Il en sortira diplômé.

Jack et son ami Lem passent l'été 1937 en Europe. Ils voyagent en France, en Italie, en Allemagne et en Hollande. C'est un voyage studieux : ils visitent les lieux historiques du vieux continent et tentent des analyses politiques des pays qu'ils traversent.

Fin 1937, Joe Senior est nommé ambassadeur des États-Unis en Grande-Bretagne. C'est un poste éminent : le plus convoité de la diplomatie américaine. Jack peut ainsi voyager en Europe peu avant le début de la Deuxième Guerre mondiale. Il s'initie à la géopolitique sur le terrain.

Jack choisit, comme thèse de fin d'études à Harvard, la préparation insuffisante de la Grande-Bretagne face au réarmement de l'Allemagne. Le jury ne juge pas le travail excellent. Jack obtient son diplôme avec la mention la plus basse. Pourtant, Joe Senior insiste pour que son mémoire soit publié. Il y parvient et le livre *Why England Slept — Pourquoi l'Angleterre dormait* — connaît un réel succès avec 80 000 exemplaires vendus. Plus tard, un proche des Kennedy constatera que Jack n'était pas le seul auteur de l'ouvrage : « ce fut l'œuvre de beaucoup de mains », confia-t-il [4]. Joe Senior, pour gonfler les ventes, en aurait acheté 30 000 exemplaires...

Jack s'inscrit à la Business School de Stanford à l'automne 1940. Mais, en raison de douleurs au dos, il abandonne ses études dès le début de l'année 1941.

Lorsque les États-Unis entrent en guerre, Joe Junior quitte Harvard pour s'engager dans la marine. Jack veut suivre l'exemple de son aîné. En raison de sa santé fragile, il est déclaré inapte à rejoindre les rangs de l'infanterie et de la marine. Mais grâce au soutien et aux relations de son père, il parvient finalement à intégrer le service de renseignement de la marine.

À l'époque, Jack entretient une relation suivie avec Inga Arvad, une jeune et belle journaliste du Times-Herald, ancienne miss Danemark. Inga est soupçonnée d'être une espionne au service des nazis. Elle est surveillée par le FBI. Après quelques confidences sur l'oreiller à propos de son travail et des relations de son père, Jack est muté à Charleston, en Caroline du Nord. Mais Inga et Jack se fréquentent toujours. Joe Senior est persuadé que cette relation pourrait nuire à son fils. Il pèse de tout son entregent pour le faire muter dans le service des personnels navigants. Il y parvient.

Jack se porte alors volontaire pour les vedettes lance-torpilles, les PT. Il suit une formation dans le Rhode Island puis rejoint la zone de combat dans le Pacifique, une fois encore grâce à l'intervention de son père.

En avril 1943, il prend le commandement de la vedette PT 109, près de Guadalcanal. Début août, le PT 109 est percuté par un destroyer japonais. La vedette coule et les survivants sont à la mer. Jack a un comportement courageux. Il aide ses hommes à atteindre à la nage une petite île. Une fois le rivage atteint, il montre encore du courage pour chercher de l'aide. L'histoire est relayée par la presse comme une action héroïque. Cependant, un des rescapés craint que l'opération soit assimilée à un désastre. Il se pourrait même que MacArthur ait envisagé d'envoyer Jack en cour martiale... [1] Mais, finalement, Jack est décoré de la médaille de la Marine « pour sa conduite extrêmement héroïque. »[6]

À la conquête du pouvoir ou comment Jack devint JFK

Joe Senior nourrissait de grandes ambitions politiques pour son fils aîné Joe Junior. Mais Joe Junior est tué au combat pendant la Deuxième Guerre mondiale. Désormais, c'est Jack, que Joe Senior destine à une grande carrière politique. Pour Joe Senior, Jack doit devenir un jour président des États-Unis !

Jack se présente donc aux élections de 1946 à la Chambre des représentants. Toute la famille Kennedy participe activement à la première campagne électorale de Jack. Joe Senior dirige les opérations et réunit les fonds nécessaires. C'est un succès : Jack est facilement élu après avoir remporté la primaire démocrate. À 29 ans, il débute une carrière politique prometteuse.

Jack parvient à se faire réélire en 1948 et 1950. Il est bien installé dans ses fonctions de député. Il aurait pu continuer à la Chambre des représentants, mais en 1952, il souhaite donner un nouvel élan à sa carrière politique. Paul Dever, le gouverneur de l'État du Massachusetts, décide de briguer un nouveau mandat et renonce ainsi à se présenter au Sénat. La voie du Sénat est libre pour Jack. La « machine Kennedy » se met en place pour assurer son élection. Jack décide de faire appel aux services de son jeune frère Bobby. Si Joe Senior continue de gérer les finances de la campagne électorale, Jack et Bobby s'occupent désormais de la stratégie politique. C'est le début d'une collaboration étroite entre les deux frères. Jack est élu sénateur. Il recueille un peu plus de 51 % des voix. Il sera réélu en 1958.

John Kennedy rencontre Jacqueline Bouvier en 1952. Elle est belle et intelligente. Elle a un sens de l'ironie très affûté. Elle aime aussi l'argent et les vêtements chics. Lem constate qu'elle a « davantage de classe » que les autres filles que Jack a fréquentées. Jack et Jackie ont des personnalités très proches. D'après Lem, Jack « voyait en elle un esprit semblable au sien. »[1]

Le mariage est célébré le 12 septembre 1953. Le couple donne naissance à trois enfants : Caroline en 1957, John en 1960 et Patrick en 1963. Patrick est décédé deux jours après sa naissance.

Dès le début de sa relation avec Jack, Jackie n'est pas dupe de son comportement avec les femmes :

« Je ne crois pas qu'il y ait des maris fidèles. Les hommes sont un mélange de bon et de mauvais » affirme-t-elle [1]. Mais elle sous-estime encore l'ampleur des appétits sexuels de Jack. Quelques années plus tard, fatiguée d'être humiliée par le comportement de son mari, Jackie veut divorcer. Joe Senior l'en dissuade en lui offrant un million de dollars [3].

En 1956, Jack publie *Profiles in Courage — Portraits d'hommes courageux*, un livre sur le parcours d'hommes politiques qui ont pris des risques pour soutenir une grande cause. L'ouvrage devient un best-seller avec 125 000 exemplaires vendus en deux ans et reçoit le prestigieux prix Pulitzer. Mais JFK n'est vraisemblablement pas l'auteur du livre. La paternité en reviendrait à son conseiller, Theodore Sorensen.

Toujours en 1956, John Kennedy échoue à se faire élire vice-président aux côtés du candidat démocrate à la présidence, Adlai Stevenson.

Malgré cet échec, Jack devient un homme politique populaire. En 1957, les sondages d'opinion le placent en tête des candidats démocrates pour la prochaine présidentielle.

À l'époque, Bobby joue un rôle actif au sein de la

commission spéciale McClelan. La commission McClelan enquête sur les pratiques illégales du patronat et des syndicats. Bobby s'intéresse notamment à Jimmy Hoffa, le président du puissant syndicat des camionneurs. Jack saura habilement tirer profit du travail de son frère lors de la campagne pour l'élection présidentielle de 1960.

Jack élabore son programme politique : la « Nouvelle frontière ». Il insiste sur le retard des États-Unis dans les domaines militaire et spatial : le *missile gap*. Il est vrai que les Soviétiques ont déjà lancé le satellite Spoutnik et Jack veut rattraper puis dépasser les Russes. Aussi, il prône l'offensive contre l'avancée de l'idéologie communiste en soutenant les mouvements nationalistes qui s'inspirent de la Déclaration d'indépendance américaine. Il affiche une volonté ferme de lutter contre le crime organisé. Enfin, il souhaite des avancées sur la question des droits civiques. Ce positionnement permet à Jack d'obtenir de nombreux soutiens. Lem Billings constate : « Vers 1958, tous ceux qui s'étaient montrés si "bêcheurs" envers les Kennedy se ralliaient à eux et nous considérions que c'était là un beau coup de notre part, de les avoir gagnés à notre camp. »[1]

Jack annonce sa candidature pour l'élection

présidentielle le 2 janvier 1960. Il est investi candidat démocrate en devançant Lyndon Johnson. Johnson doit se contenter de la vice-présidence. Richard Nixon est investi du côté des républicains.

En septembre 1960, Nixon est en tête des sondages avec 53 % des intentions de vote. Kennedy et Nixon s'affrontent lors du premier débat télévisé de l'histoire politique des États-Unis. Kennedy est nerveux, s'accroche au pupitre et parle d'une voix nasillarde. Nixon montre beaucoup plus d'assurance et sa voix est posée. Mais Kennedy passe très bien à la télévision, à l'inverse de Nixon. Les téléspectateurs sont conquis par sa prestation. Après le débat, de nombreux Américains suivent ses déplacements de campagne et ses discours sont très applaudis.

JFK rattrape son retard et gagne l'élection le 8 novembre 1960. L'écart entre Nixon et Kennedy est très faible : 120 000 voix.

Il y a eu des manipulations du scrutin notamment à Chicago et dans l'État du Texas. Elles ont peut-être assuré la victoire de JFK. Les relations de Joe Senior avec la pègre auraient donné un coup de pouce à Jack pour l'élection présidentielle. Sam Giancana, le boss de la mafia de Chicago, aurait même confié :

« Sans moi, Kennedy ne serait pas devenu président. »[2]

JFK Président !

La cérémonie d'investiture a lieu le 20 janvier 1961. JFK devient le trente-cinquième président des États-Unis. Il a 43 ans.

Joe Senior insiste auprès de Bobby pour qu'il occupe le poste d'Attorney General, le ministre de la Justice aux États-Unis. Bobby hésite, mais finalement accepte.

JFK mène une politique économique keynésienne avec, au début de son mandat, l'augmentation des allocations chômage et l'extension du salaire minimum. À la fin de son mandat, il conduira un programme de lutte contre la pauvreté.

Le ministre de la Défense, Robert McNamara, constate rapidement que les États-Unis sont nettement en avance sur l'URSS au niveau économique et militaire. En bref, les États-Unis ne souffraient pas d'un *missile gap*. Mais JFK veut supplanter l'URSS dans les deux domaines où elle a encore l'avantage : la conquête de l'espace et l'influence politique et idéologique dans les pays du tiers-monde. JFK engage le programme lunaire américain. L'objectif est d'envoyer un homme sur la lune d'ici la fin des années soixante. Le pari sera tenu.

JFK crée le *Corps de la paix* en mars 1961. Il s'agit d'une agence fédérale qui fait appel à des volontaires. Son objectif est d'apporter de l'aide aux pays du tiers-monde, de promouvoir la paix et de favoriser une meilleure connaissance des cultures. Le *Corps de la paix* a connu un grand succès, bien au-delà du mandat de Kennedy. Il est aujourd'hui présent dans plus de 70 pays. Il est encore un outil important de la politique étrangère étatsunienne dans les pays en voie de développement.

Richard Bissell, le directeur adjoint de la CIA, présente à JFK un plan de débarquement à Cuba pour renverser Fidel Castro. JFK hésite puis approuve le plan. Mais, en avril 1961, l'invasion de la Baie des Cochons est un fiasco. Les exilés cubains soutenus par les États-Unis sont laminés par les forces castristes. En public, JFK assume l'échec de l'opération, mais en privé il est abattu et en veut beaucoup à la CIA. Après l'échec cinglant de la Baie des Cochons, Fidel Castro a été l'obsession des Kennedy. Jack et Bobby ont voulu assassiner Castro et renverser son régime. Mais leurs nombreuses tentatives ont échoué.

Après la Baie des Cochons, le rôle de Bobby devient déterminant aux côtés de Jack. Joe Senior n'intervient quasiment plus dans la politique présidentielle.

Face aux hésitations de JFK à Cuba, Khrouchtchev tente de prendre l'avantage lors de la conférence de Vienne. Il y a des tensions au sujet de Berlin. La construction du mur de Berlin, que JFK n'a pas tenté d'empêcher permet d'apaiser les relations Est-Ouest. Dès lors, l'Allemagne de l'Est est moins décidée à demander sa reconnaissance par la communauté internationale.

JFK a conscience que la Baie des Cochons et la conférence de Vienne sont des échecs diplomatiques. À ce sujet, il déclare au journaliste Joe Alsop : « Joe, je veux vous dire que je ne céderai pas aux Russes, quoi qu'il arrive ; je ne céderai pas. »[1]

L'acharnement des États-Unis contre Cuba inquiète les Soviétiques qui renforcent leur soutien au régime castriste. L'aide de l'URSS s'intensifie au point que des rampes de lancement de missiles sont installées à Cuba. En octobre 1962, la menace est tout proche des États-Unis. JFK adopte alors une position ferme. Avec succès : les Soviétiques acceptent finalement ses conditions.

Progressivement, les relations avec l'URSS s'améliorent. En 1963, un téléphone rouge est installé entre Washington et Moscou, puis un traité d'interdiction des essais nucléaires est conclu entre les deux superpuissances militaires.

Au Vietnam, l'objectif des États-Unis est de stopper la progression du communisme en Asie. Au début de son mandat, Kennedy et ses conseillers souhaitent faire du Vietnam du Sud une véritable nation. Ainsi, le Vietnam du Sud aurait été en mesure de contrer la guérilla nord-vietnamienne, sans l'intervention militaire des États-Unis. Mais cette politique échoue et finalement, JFK engage militairement les États-Unis au Vietnam. La guerre du Vietnam s'achèvera avec la chute de Saigon en 1975. Elle se soldera par 58 000 morts du côté américain et plusieurs millions du côté vietnamien.

Le mandat de JFK est aussi marqué par de nombreuses manifestations en faveur des droits civiques. Le climat est très tendu, tout particulièrement dans les États du Sud. Martin Luther King devient la figure emblématique des manifestations. Au cours de l'été 1963, la marche sur Washington rassemble

250 000 personnes. JFK fait adopter plusieurs textes sur les droits civiques. Toutefois, Theodore Hesburg, le responsable de la Commission des droits civiques, relativise le volontarisme de la politique conduite par les Kennedy : « Leur attitude consistait à ne rien faire tant qu'ils n'y étaient pas absolument contraints. »[1]

Assassinat, complots et légendes

JFK est assassiné à Dallas le 22 novembre 1963. Des obsèques nationales sont organisées. JFK est enterré au cimetière national d'Arlington.

Peu avant son assassinat, JFK et Torby MacDonald discutaient de la vie et de la mort. Torby demanda à Jack comment il préférerait mourir. Celui-ci lui répondit : « Oh, d'un coup de fusil ; on ne se rend pas compte de ce qui arrive ; un coup de fusil, c'est parfait ! »[1]

À Dallas, juste avant de sortir de son hôtel, John aurait même déclaré à Jackie : « Ce serait facile, au fond, de m'assassiner. Il suffit de se placer dans un immeuble avec un fusil à lunette, et personne n'y pourrait rien. »[3]

Une première enquête officielle, conduite par la Commission Warren, concluait que Lee Harvey Oswald était le seul assassin directement impliqué dans la mort du président. En 1976, une deuxième enquête officielle, diligentée par le Congrès des États-Unis, défendait qu'il y avait deux tireurs. Ces enquêtes officielles ont fait l'objet de nombreuses critiques et la mort de JFK a suscité de multiples théories, parfois complotistes.

Bobby avait mené une véritable croisade contre le syndicat des camionneurs, son patron Jimmy Hoffa et la pègre. L'obstination de Bobby était telle que Jimmy Hoffa et plusieurs boss de la mafia avaient fait part de leur intention de l'assassiner.

Carlos Marcello était plus précis. Il avait comparé JFK à un chien dont Bobby aurait été la queue : « Si vous lui coupez la queue, le chien continuera de vous mordre ; mais si vous lui coupez la tête, le chien sera mort pour de bon. »

Après la mort de Jack, son ami Lem constatait que Bobby « était inconsolable. »[1] Bobby se sentait, d'une certaine façon, responsable de la mort de son frère parce qu'il s'était attaqué à la pègre. La mafia apparaît donc comme une piste sérieuse dans l'assassinat de JFK. Mais il y a mille autres théories, plus ou moins convaincantes...

Joe Senior : businessman, chef de clan et marionnettiste

Joe Senior a joué un rôle déterminant dans la construction de la dynastie Kennedy. D'ailleurs, sa femme Rose l'a décrit comme « l'architecte de leurs vies. »[1]

Joe Senior était très doué pour les affaires.

Dans les années vingt, il a investi dans le cinéma à Hollywood. Il s'est ainsi enrichi de 5 millions de dollars. Il a anticipé le krach boursier de 1929 et spéculé sur la baisse des actions. À ce jeu, il a gagné 15 millions de dollars. En 1930, sa fortune s'élevait à 100 millions de dollars. Il a aussi vendu du whisky pendant la prohibition. À la fin de la prohibition, il s'est lancé dans l'importation d'alcools britanniques. Ce commerce lui rapportait un million de dollars par an.

Peu après l'entrée en guerre des États-Unis, il spéculait sur les terrains, notamment à Manhattan, en Floride ou en Amérique latine. Il ne versait qu'une partie de leur prix d'acquisition au comptant, puis il les revendait lorsque leur prix avait augmenté pour réaliser d'importantes plus-values. Au total, la spéculation immobilière lui a rapporté 100 millions de dollars !

Dès l'élection de Jack, en 1946, Joe Senior a mis de l'ordre dans ses affaires. Il ne fallait pas nuire à la carrière politique prometteuse de son fils ! Il a vendu son commerce d'alcools qui lui avait déjà valu quelques remarques sur ses relations avec la pègre. Aussi, il a créé la Joseph P. Kennedy Enterprises pour gérer la fortune familiale. En 1950, cette société était évaluée 400 millions de dollars.

La fortune considérable qu'il a amassée lui a permis de financer ses ambitions politiques et les campagnes électorales de ses fils. Joe Senior a aussi constitué des *trust funds* au profit de sa femme et de ses enfants. Les fonds étaient gérés par des administrateurs professionnels et les bénéficiaires percevaient les intérêts. Ses descendants étaient ainsi à l'abri du besoin et ses fils ont pu se consacrer entièrement à la politique. Dès lors, aucun de ses enfants ne pouvait couper les ponts avec lui sans renoncer à des avantages financiers conséquents. En fait, aucun d'eux n'a rompu les relations avec Joe Senior.

S'il était un homme d'affaires particulièrement

efficace, Joe Senior n'était pas un grand stratège politique. Il avait pourtant réussi à se faire nommer ambassadeur des États-Unis en Grande-Bretagne par le président Roosevelt. Mais à ce poste, il a persisté dans son soutien inconditionnel à la politique isolationniste des États-Unis alors même que Roosevelt se tournait de plus en plus vers une politique interventionniste. Joe Senior avait ainsi déclaré : « Les États-Unis feraient mieux d'accepter la domination nazie sur le continent européen plutôt que de se lancer dans une guerre qui épuiserait l'économie américaine au-delà de ses possibilités et ferait le lit des extrémistes de gauche. »[1]

Sa complaisance vis-à-vis du nazisme et son stupide pronostic de la défaite de l'Angleterre face à l'Allemagne lui ont valu de très nombreuses critiques aux États-Unis et à l'étranger. Il avait notamment déclaré au *Globe* que « la guerre épuiserait nos ressources... nous conduirait au national-socialisme. Déjà c'en est fait de la démocratie en Angleterre. »[1]

Enfin, Joe Senior était peureux, ce qui n'a pas amélioré son image... À Londres, il se cachait à chaque bombardement et les hauts fonctionnaires britanniques le surnommaient « Joe-la-trouille » ou « Cœur de lièvre. »[1] Finalement, Joe Senior a dû quitter ses fonctions d'ambassadeur. Sa carrière politique était terminée.

Il a alors décidé de reporter ses ambitions politiques sur son fils Joe Junior, puis après le décès tragique de celui-ci, sur Jack. Jack en était pleinement conscient lorsqu'il confiait à son ami Red Fay quelques semaines après la mort de Joe Junior : « Mon Dieu, voici venir le vieux ! Le voici en train de préparer le prochain coup ! C'est à moi qu'il pense maintenant ! C'est mon tour. Il va falloir que je m'y mette. »[1] Jack s'y est mis et avec succès puisqu'il a été élu président des États-Unis.

Joe Senior se comportait comme un véritable chef de famille.

Même s'il était souvent absent pour gérer ses affaires, il dirigeait la famille et le destin de ses enfants. Il parlait à ses enfants et leur donnait des directives. Quand il n'était pas sur place, il leur téléphonait quotidiennement.

Ses ambitions se focalisaient plus particulièrement sur trois d'entre eux. Un proche de la famille raconte : « Ces trois-là — Joe Junior, Jack et Kick — étaient comme une famille dans la famille ; le dessus du panier, le triangle magique. »[1]

Joe Senior a eu une forte influence sur Jack. À un copain d'Harvard qui était surpris de le voir aller à la messe un jour de fête, Jack rétorqua : « Cela je le fais pour mon père, le reste je le fais pour moi. »[1]

Les relations de Joe Senior avec les femmes ont visiblement marqué ses fils et notamment Jack.

Gloria Swanson, la star des années vingt à Hollywood, a été sa maîtresse. Joe Senior a ensuite entretenu de nombreuses relations extra-conjugales avec des starlettes, des danseuses, mais aussi des amies de la famille.

Le cas échéant, il n'hésitait pas à menacer celles qui lui résistaient. La femme d'Ed McLaughlin avait dû se battre physiquement contre Joe Senior pour repousser ses avances. Quand elle était enfin parvenue à s'enfuir, Joe Senior lui avait crié : « Votre mari n'est qu'un petit politicien de quatre sous et je peux ruiner sa carrière. »[1]

Jack n'a semble-t-il jamais eu un tel comportement avec les femmes qu'il a courtisées. Il est vrai qu'il était attirant, sympathique, avenant et de surcroît président des États-Unis. Il avait un tel succès auprès des femmes que les menaces étaient inutiles.

Les très nombreuses maîtresses de Joe Senior n'ont pas détruit son mariage avec Rose. Un ami de la famille explique : « Elle savait ce qui se passait, connaissait l'existence de ses maîtresses, mais elle aimait foncièrement la vie qu'elle menait, avec l'argent et le prestige qu'elle avait. »[1] En fait, Joe Senior et Rose avaient conclu un accord par lequel les aventures de Joe Senior ne viendraient pas menacer leur mariage.

L'ennéagramme, révélateur des motivations

L'ennéagramme décrit les motivations d'une personne. Plus précisément, il définit ses motivations permanentes qui se forment durant l'enfance et le conduisent toute sa vie, à partir de l'adolescence.

L'ennéagramme est un outil qui nous permet de prendre conscience de nos motivations permanentes ou de connaître les motivations permanentes d'une autre personne.

L'ennéagramme distingue neuf types numérotés de 1 à 9.

L'ennéagramme est représenté de la façon suivante :

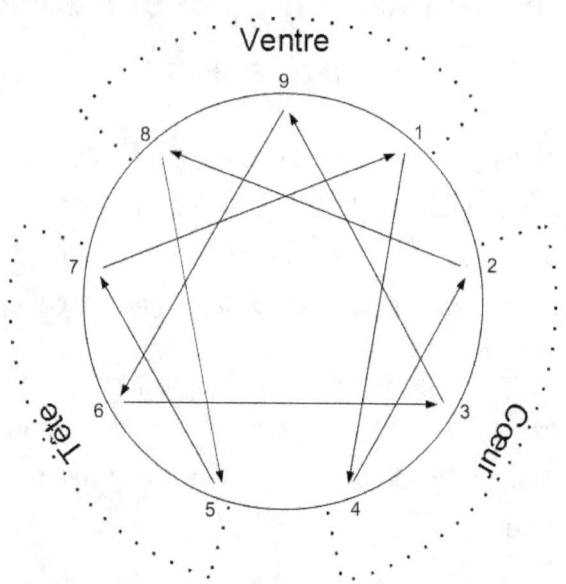

Les principes de l'ennéagramme

Une personne appartient à un type et un seul de l'ennéagramme.

Chaque type est conduit à la fois par une motivation positive permanente et par une motivation négative permanente.

La motivation positive permanente décrit ce que l'individu recherche.

La motivation négative permanente décrit ce qu'il déteste, fuit et réprime.

Voici les motivations permanentes des neuf types de l'ennéagramme.

– Le type 1 recherche la perfection dans tout ce qu'il fait ; il déteste la désorganisation, les approximations et réprime la colère.

– Le type 2 cherche à aider les autres, à leur rendre service, à répondre à leurs besoins et à satisfaire leurs désirs ; il déteste reconnaître ses propres besoins.

– Le type 3 recherche le succès rapide et la reconnaissance sociale ; il déteste et élude ses échecs.

– Le type 4 recherche l'originalité et la singularité, car il a le sentiment d'être unique ; il déteste la banalité et fuit le conformisme.

– Le type 5 recherche la solitude, prend du recul pour observer et analyser ; il déteste l'intrusion dans son espace vital.

– Le type 6 recherche la loyauté dans ses relations ; il déteste et redoute la trahison.

– Le type 7 recherche le plaisir en multipliant les

stimulants ; il déteste et fuit l'ennui, l'enfermement et la souffrance.

– Le type 8 recherche la confrontation pour faire régner la justice avec autorité ; il déteste et réprime les manifestations de faiblesse.

– Le type 9 recherche la concorde et la paix ; il déteste les situations conflictuelles durables.

Le type 1 : le perfectionniste

Le type 1 recherche la perfection dans tout ce qu'il fait. Il déteste la désorganisation, les approximations et réprime la colère.

Le type 1 est un idéaliste en quête de perfection.

Son perfectionnisme le conduit souvent à se mettre en colère. Comme il recherche systématiquement la perfection, il est souvent déçu par les résultats... Il a tendance à intérioriser et à réprimer sa colère, car montrer sa colère serait reconnaître l'imperfection.

Il est très attaché à l'éthique et à la morale qui représentent, pour lui, le socle des relations humaines.

Sa vision du monde est peu nuancée, parfois même manichéenne : pour lui, c'est blanc ou noir, juste ou injuste, bien ou mal.

Voici le comportement généralement observé et les attitudes du type 1 :

– Même s'il le montre peu, le type 1 se met souvent en colère contre les autres et contre lui-même.

– Ses réflexions sont souvent tranchées : c'est bien ou mal, correct ou incorrect, juste ou injuste...

– Il a un très bon sens de l'organisation et montre une grande rigueur.

– Il n'aime pas avoir l'impression de perdre son temps au travail comme dans ses loisirs.

– Il a souvent l'impression de manquer de temps pour bien faire son travail.

– Il apprécie que le travail soit bien réalisé jusque dans les moindres détails.

– Il est souvent très critique sur son travail et celui des autres.

– Il déteste être en retard, mais aussi que les autres soient en retard.

– Il attache une grande importance à l'éthique, aux valeurs morales et il déteste les actes malhonnêtes.

– Lorsqu'il ressent une menace sur sa relation, il a tendance à être jaloux et possessif.

Les motivations permanentes se forgent pendant l'enfance. Elles sont fixées à partir de l'adolescence.

Le type 1 a été un enfant modèle, très sage et très sérieux. Ses parents pouvaient compter sur lui en toute confiance. De son enfance, il a retiré une exigence de perfection qu'il veut appliquer à chacun de ses actes.

Le type 2 : le samaritain

Le type 2 cherche à aider les autres, à leur rendre service, à répondre à leurs besoins et à satisfaire leurs désirs. Il déteste reconnaître ses propres besoins.

Le type 2 est altruiste. Il est très attentif aux autres et tout particulièrement à ses proches.

Il est sympathique, sociable et entretient des relations avec de nombreuses personnes.

En couple, il recherche un partenaire stable.

Il attend de la reconnaissance en contrepartie des services qu'il rend.

Il pense que les autres dépendent de lui. Mais il oublie souvent qu'il existe avant tout, à travers eux, pour satisfaire leurs besoins et leurs désirs.

Il vit très mal le rejet de l'aide qu'il apporte. Isolé, il a l'impression d'être inutile.

Voici le comportement généralement observé et les attitudes du type 2 :

– Le type 2 n'éprouve aucune difficulté à rencontrer d'autres personnes. Il n'hésite pas à faire le premier pas.

– Il a le sentiment que les autres ne sont pas suffisamment attentifs à leurs proches.

– Le plus souvent, il est très attentif aux autres, considère leurs opinions et leurs croyances pour ne pas les blesser.

– Il consacre beaucoup de temps aux autres.

– Il a une bonne capacité d'écoute et les autres viennent souvent lui confier leurs sentiments.

– Sociable, il compte généralement beaucoup de connaissances.

– Parmi ses proches, beaucoup dépendent de son soutien et de son aide.

– Il considère qu'il n'a que peu de besoins.

– Il a des difficultés à comprendre que les autres n'aient pas toujours besoin de ses services ou de son soutien.

– Il aime être entouré et vit mal la solitude.

Pendant son enfance, ses parents ou ses proches lui ont demandé de satisfaire les besoins des autres avant de penser aux siens. Il a parfaitement intégré la leçon et, depuis, sa première préoccupation est d'aider les autres.

Le type 3 : le gagneur, le battant

Le type 3 recherche le succès rapide et la reconnaissance sociale. Il déteste et élude ses échecs.

Le type 3 est très efficace pour atteindre les objectifs qu'il s'est fixés ou qu'on lui a demandé de réaliser.

Il montre une grande capacité de travail et une forte volonté de réussir.

Pour le trois, la fin justifie les moyens. Le cas échéant, pour réussir, il n'hésite pas à arranger la vérité.

Lorsque les objectifs deviennent difficiles à atteindre et que les perspectives de succès s'éloignent, il a tendance à abandonner pour rebondir ailleurs.

Il ne supporte pas l'incompétence et il a souvent tendance à sous-estimer la contribution de ses partenaires ou collaborateurs dans l'atteinte des objectifs.

Voici le comportement généralement observé et les attitudes du type 3 :

– Le type 3 est focalisé sur l'atteinte des objectifs.

– Il aime la compétition ; il estime qu'elle est utile et même nécessaire.

– Au travail, il ne compte pas ses heures.

– Il considère que l'image que l'on donne de soi est primordiale.

– C'est un bon manager, capable de motiver ses collaborateurs et d'atteindre les objectifs.

– Il pense que la communication est déterminante pour mener à bien un projet.

– Pour évaluer sa réussite, il a souvent tendance à se comparer aux autres.

– S'il se souvient parfaitement de ses succès, il a tendance à oublier ses échecs.

– Il aime convaincre ses interlocuteurs.

– Il attache une grande importance aux outils de suivi et de contrôle de l'activité, les tableaux de bord ou les statistiques par exemple.

Lorsqu'il était enfant, ses parents ou ses proches lui ont appris que l'action et les résultats étaient décisifs. Son enfance a souvent été marquée par un modèle paternel fort. Depuis, il est très attaché au succès et à la réussite. Il est plus sensible à l'avoir qu'à l'être.

Le type 4 : le singulier, l'original

Le type 4 recherche l'originalité et la singularité, car il a le sentiment d'être unique. Il déteste la banalité et fuit le conformisme.

Le type 4 a le sentiment indéfectible d'être unique.

Il affirme sa différence, ne supporte pas de ressembler aux autres et d'être comparé à eux. Il est persuadé que les autres ne peuvent pas vraiment comprendre ce qu'il ressent.

Il accorde une grande importance à ses émotions qu'il vit avec beaucoup d'intensité. Ses émotions connaissent de grandes amplitudes. Chez lui, une grande joie peut rapidement se transformer en profonde tristesse.

Il ressent un manque ou une absence qu'il a des difficultés à définir précisément. Il s'agit plus d'un manque affectif que matériel.

Il a une grande imagination et, souvent, une sensibilité artistique aigüe.

S'il a généralement une vision tragique de l'existence, il est aussi persuadé d'avoir une destinée, une mission à accomplir.

Voici le comportement généralement observé et les attitudes du type 4 :

– Le quatre se remémore souvent son passé avec nostalgie.

– Il redoute d'être abandonné.

– Il est très sensible aux souffrances des autres.

– Il est soit très heureux, soit très triste, mais rarement dans un état intermédiaire.

– Il accorde une grande importance aux émotions.

– Il pense que les autres ne comprennent pas avec quelle intensité exceptionnelle il vit ses émotions.

– Il se considère comme quelqu'un d'original dans sa manière d'envisager l'existence.

– Il théâtralise ses émotions sans retenue et peut ainsi susciter l'incompréhension de son entourage.

– Il a tendance à envier les autres, parfois pour les objets qu'ils possèdent, mais surtout pour leur bonheur de vivre.

– Il remarque très rapidement ce qui manque, par exemple, un bouquet de fleurs ou un tableau qui aurait embelli une pièce.

Pendant son enfance, il a vécu un événement qu'il a ressenti comme tragique. Par exemple, il a pu être abandonné par ses parents ou il a eu peur d'être abandonné. Depuis, il a tendance à envisager la vie comme une tragédie. Il fait face à cette tragédie en affirmant sa singularité.

Le type 5 : l'observateur solitaire

Le type 5 recherche la solitude, prend du recul pour observer et analyser. Il déteste l'intrusion dans son espace vital.

Le cinq se met spontanément en retrait pour mieux observer.

Il tient le savoir en haute estime. Il recherche des informations et les analyse. Il aime être reconnu pour ses capacités d'analyse et d'expertise.

Accroître ses connaissances exige des efforts. Les partager exige du temps. Le type 5 n'aime pas se lancer dans de longues explications. Il estime alors perdre un temps précieux qu'il pourrait consacrer à développer son savoir. Aussi, il a tendance à être avare de son temps, de ses connaissances et de ses biens.

Il ne supporte pas que les autres s'immiscent dans son espace vital qui inclut à la fois son espace personnel et son espace professionnel. Mais il n'est pas expansionniste et se contente de peu. En général, un petit espace de quiétude lui convient parfaitement.

Le type 5 déteste l'inactivité de l'intellect. Il a presque toujours, à portée de main, de quoi s'occuper l'esprit, un livre ou un journal par exemple.

Voici le comportement généralement observé et les attitudes du type 5 :

– Le cinq a souvent besoin de se retrouver seul pour réfléchir et faire le point.

– Il pense que les autres ne comprennent pas toujours son besoin de solitude.

– Dans un lieu public, un bar ou un restaurant par exemple, il a tendance à rester en retrait pour observer.

– Il a très souvent quelque chose à lire à portée de main.

– Il est très sensible au rapport qualité-prix : il aime en avoir pour son argent !

– Il éprouve de réelles difficultés à faire le premier pas pour discuter avec des inconnus.

– Il n'exprime que très peu ses sentiments et ses émotions.

– Avant de se forger une opinion, il prend le temps de la réflexion.

– Il n'aime pas du tout que les gens viennent chez lui pour s'y installer plusieurs jours.

– Il estime souvent les autres hâtifs dans leurs jugements et superficiels dans leurs réflexions.

Enfant, il a ressenti soit un manque d'affection de la part de ses parents ou de ses proches, soit au contraire un comportement envahissant de leur part. Depuis, il a tendance à considérer que les relations humaines sont anxiogènes. C'est pourquoi il recherche la solitude, privilégie l'observation et l'analyse aux relations et aux sentiments.

Le type 6 : le loyal

Le type 6 recherche la loyauté dans ses relations. Il déteste et redoute la trahison.

Le six attend une grande loyauté de la part de ses proches et du groupe auquel il appartient. En contrepartie, il est tout à fait digne de confiance et montre une grande droiture.

Il est très sérieux et dévoué. Cependant, pour donner le meilleur de lui-même, il a besoin d'un soutien sans équivoque et de règles claires à appliquer.

Il est très attaché aux règles et aux normes sociales de son groupe. Le moindre écart dans l'application des règles, que la plupart des individus ne relèveraient même pas, lui est insupportable.

Il redoute la trahison et vit dans l'insécurité. Pour le six, la vie est dangereuse et il envisage généralement le pire scénario.

Il a tendance à beaucoup utiliser les mots « toujours » et « jamais. »

Le type 6 présente une particularité notable par rapport aux autres types de l'ennéagramme : il peut exprimer ses motivations permanentes de deux manières très différentes.

D'une part, il peut être phobique, c'est-à-dire exprimer sa peur en adoptant un comportement craintif, introverti et en retrait.

D'autre part, il peut être contre-phobique, adopter un comportement extraverti et de défiance pour conjurer sa peur.

Un individu de type 6 pourra avoir un comportement général phobique. Un autre pourra afficher une tendance contre-phobique marquée. Mais, souvent, il adoptera un comportement phobique à un moment donné et un comportement contre-phobique dans un contexte différent.

Voici le comportement généralement observé et les attitudes du type 6 :

– Le type 6 remarque très rapidement les menaces et les dangers.

– Il identifie très facilement les personnes qui veulent profiter de lui.

– Il a la certitude que la vie est très dangereuse et qu'il faut être en alerte permanente pour éviter les dangers.

– Il vit généralement dans la crainte que ses proches aient un accident, que son domicile soit cambriolé, que quelqu'un vole ses biens, usurpe son identité...

– Au travail, il est très efficace et organisé lorsque les règles à appliquer sont strictement définies.

– Il déteste que les gens parlent dans son dos.

– Il ne supporte pas les personnes qui ne déclarent pas clairement leurs intentions.

– Il n'aime pas les changements brusques qui n'ont pas été mûrement réfléchis.

– Il a l'impression que s'il n'était pas toujours attentif, il pourrait être trahi.

– Il peut soutenir une opinion contraire à ce qu'il pense vraiment pour tester son interlocuteur et connaître le fond de sa pensée.

– Il ne supporte pas ceux qui enfreignent les règles surtout lorsqu'elles concernent la sécurité.

Enfant, il éprouvait de grandes difficultés à comprendre, interpréter et anticiper le comportement de ses parents ou de ses proches.

Depuis, il est anxieux et il a des réticences à faire confiance aux autres. C'est pourquoi il recherche la loyauté et redoute la trahison.

Le type 7 : l'hédoniste

Le type 7 recherche le plaisir en multipliant les stimulants. Il déteste et fuit l'ennui, l'enfermement et la souffrance.

Le type 7 est joyeux et optimiste.

Pour le sept, le plaisir a d'abord une dimension quantitative. Il multiplie les activités et les centres d'intérêt que ce soit au travail ou pendant ses loisirs. Il a tendance à se disperser, à ne pas terminer ce qu'il a commencé, à manquer de temps pour approfondir et à être en retard à ses rendez-vous.

Il sait mettre une bonne ambiance.

Il compte de nombreuses connaissances. En société, il est agréable et charmeur. En revanche, lorsque ses interlocuteurs ne sont pas conquis par son charme, il devient indifférent et parfois même méprisant.

S'il aime être entouré, il ne supporte pas que l'on s'accroche à lui. Il a alors l'impression que l'autre veut s'emparer de lui. Le sept déteste l'enfermement et même le sentiment d'enfermement.

Il n'aime pas choisir, car pour lui, faire un choix c'est se priver de possibilités potentiellement agréables. Le sept renâcle à prendre des décisions.

Comme il déteste la souffrance et éprouve de grandes difficultés à trancher, il a tendance à fuir, par exemple face à une personne triste ou malade.

Voici le comportement généralement observé et les attitudes du type 7 :

– Le type 7 est très souvent optimiste et heureux.

– Il est agréable et apprécié par ses interlocuteurs.

– Il pense que les gens très sérieux, qui parlent tout le temps du travail par exemple, ne peuvent pas être heureux.

– Il aime les surprises.

– Face à un pleurnichard, il a envie de prendre ses jambes à son cou pour aller vers quelque chose de plus agréable.

– Il aime les blagues et les plaisanteries.

– La plupart de ses activités lui procurent du plaisir.

– Il apprécie le changement.

– Il est souvent en retard et a des difficultés à finir ce qu'il a commencé.

– Il n'aime pas du tout les activités routinières et les travaux répétitifs.

Enfant, il a distinctement associé le plaisir à certaines personnes ou à certains événements et la souffrance à d'autres. Souvent, l'un de ses parents a été une cause de souffrance et l'autre une source de joie. Depuis, son approche dualiste plaisir/souffrance le conduit à rechercher le plaisir en multipliant les activités agréables.

Le type 8 : le chef, le combattant

Le type 8 recherche la confrontation pour faire régner la justice avec autorité. Il déteste et réprime les manifestations de faiblesse.

Le type 8 assume spontanément le rôle du chef. Il tranche avec une autorité qui semble naturelle. Il sait s'imposer et se faire respecter.

Il est courageux et prend des risques sans hésiter.

Rarement partisan du compromis, il s'exprime directement quitte à heurter ses interlocuteurs. Son comportement direct traduit une forte volonté de justice. Il combat les injustices avec détermination.

Son dynamisme le conduit souvent à l'excès. Il a parfois tendance à la démesure.

Le huit ne supporte pas les manifestations de faiblesse chez lui comme chez les autres. Il réprime les émotions qui pourraient trahir de la faiblesse.

Il déteste implorer, vit très difficilement la subordination hiérarchique et rejette les compromis qu'il a tendance à assimiler à des compromissions.

Il veut contrôler sa vie et les événements. Il réagit avec virulence lorsqu'on marche sur ses plates-bandes. Il est intraitable avec les hypocrites et les flatteurs.

Le huit est le type qui incarne le plus la virilité. Les normes sociales tolèrent beaucoup plus facilement le comportement d'un homme que d'une femme de type 8. C'est pourquoi les femmes huit ont parfois tendance à nier ou à camoufler leur appartenance à ce type.

Voici le comportement généralement observé et les attitudes du type 8 :

– Le type 8 adopte facilement une posture de combat.

– Très direct, il ne ménage pas ses interlocuteurs.

– Il est très efficace pour se faire respecter.

– Il aime diriger et de préférence une équipe nombreuse.

– Il sait protéger ses proches et ses collaborateurs.

– Il remarque très rapidement les flatteurs et les hypocrites.

– Courageux et franc, il s'exprime sans ambiguïté et défend son point de vue avec force.

– Il apprécie des interlocuteurs francs et directs.

– Il attend de ses proches, de ses partenaires et de ses collaborateurs qu'ils l'informent de leurs décisions. Dans la négative, il se froisse et exprime son mécontentement sans ménagement.

– Il n'aime pas les hommes et les femmes qui recherchent des compromis pour avoir la paix. Pour lui, ce sont des faibles.

Enfant, il a ressenti une profonde injustice. Souvent, il ne s'agit pas d'une injustice qui l'a frappé directement, mais d'une injustice subie par l'un de ses parents ou par une personne proche. Depuis, il est devenu fort et courageux pour combattre les injustices.

Le type 9 : le conciliateur, le médiateur

Le type 9 recherche la concorde et la paix. Il déteste les situations conflictuelles durables.

Le type 9 aime l'harmonie relationnelle.

Il peut facilement éprouver de l'empathie et même un profond sentiment d'affinité avec d'autres personnes. Il apprécie également le contact avec la nature.

Sa présence apaisante a un effet bénéfique sur son entourage. Il est sincèrement à l'écoute de l'autre. Il cherche à connaître son interlocuteur pour mieux le comprendre, favoriser un climat relationnel constructif et éviter de le blesser.

Il a une grande stabilité d'humeur dont il est fier. Très patient, il ne comprend pas que les autres puissent s'énerver pour obtenir ce qu'ils veulent.

Il aime les activités répétitives qui entretiennent sa tranquillité d'esprit. Ses activités de prédilection peuvent être la lecture détente, la télévision ou les collections d'objets par exemple.

En cas de conflit, il apporte spontanément son concours. Il assume le rôle du conciliateur avec beaucoup de tact et une grande capacité d'écoute. Si le différend perdure, il a tendance à abandonner le terrain des hostilités. Mais il ne s'énerve qu'exceptionnellement.

Il est très rarement soucieux et estime que les tâches qui n'ont pas été terminées aujourd'hui peuvent être reportées au lendemain. Il économise ses efforts et recherche la solution la moins fatigante. Ainsi, il peut développer une propension à la paresse.

Il pense que les êtres humains se ressemblent beaucoup et qu'en fin de compte tout se vaut à peu près. Par conséquent, il a des difficultés à hiérarchiser les priorités et à distinguer l'important de l'accessoire.

Le neuf a tendance à se dévaloriser.

Voici le comportement généralement observé et les attitudes du type 9 :

– Le type 9 apprécie avant tout un climat relationnel apaisé.

– Calme et diplomate, il fait preuve d'une réelle capacité d'écoute.

– Il apprécie qu'on le sollicite pour aplanir les difficultés relationnelles.

– Il éprouve de réelles difficultés à dire non lorsqu'on lui demande de faire quelque chose dont il n'a pas envie.

– Très rarement anxieux, il a un très bon sommeil.

– Il montre une grande stabilité d'humeur.

– Il n'aime pas afficher son désaccord.

– Un climat relationnel tendu le décourage rapidement.

– Il ne comprend pas ceux qui s'énervent.

– Il n'aime pas être dérangé pendant ses activités routinières.

Enfant, il s'est senti tiraillé entre les points de vue divergents, voire irréconciliables de ses parents ou de personnes très proches. Il a eu l'impression d'être l'otage de situations conflictuelles qui le dépassaient. Depuis, il recherche la concorde et des relations apaisées.

L'analyse du comportement

Le comportement se rapporte aux actions et aux réactions d'un individu. L'attitude désigne l'état d'esprit d'un individu.

Le comportement peut être observé, au contraire de l'attitude.

Lorsque vous recherchez votre type de l'ennéagramme, vous pouvez étudier à la fois votre comportement et vos attitudes. Mais quand vous recherchez le type d'une autre personne, vous ne pouvez analyser que son comportement.

Dans cette démarche, nous utilisons les comportements généralement observés chez les individus appartenant à un type de l'ennéagramme.

Notez bien qu'une personne peut appartenir à un type de l'ennéagramme sans adopter tous les comportements ou toutes les attitudes généralement observés chez les individus du type. Aussi, une personne adopte des comportements ou des attitudes d'autres types de l'ennéagramme que son type d'appartenance.

Un comportement est un indice. Un indice ne permet pas à lui seul de trancher. Par exemple, il ne suffit pas de constater qu'un individu a eu une réflexion tranchée une fois pour en conclure qu'il appartient au type 1. Toute personne peut avoir, de temps en temps, des réflexions tranchées...

Pour déterminer le type de l'ennéagramme d'un individu, il convient de recenser de nombreux comportements et de noter leur caractère répétitif ou non avant de pouvoir conclure.

C'est à partir du faisceau d'indices des comportements que nous pouvons déterminer le type. Les comportements doivent être systématiquement rapprochés des motivations permanentes du type.

Les motivations permanentes constituent le socle de l'ennéagramme et servent de boussole dans l'analyse.

Les ailes du type

Des praticiens de l'ennéagramme affirment qu'un individu appartenant à un type de l'ennéagramme peut adopter des comportements ou des attitudes de ses deux types voisins.

La représentation de l'ennéagramme que je vous ai proposée en début de chapitre permet de mieux comprendre la théorie des ailes.

Ainsi un individu de type 7 peut développer des comportements ou des attitudes du type 6, du type 8, voire des deux. On dit alors que cet individu a développé une aile 6 ou une aile 8.

Ma pratique de l'ennéagramme m'a confirmé que certaines personnes développent des ailes. J'ai aussi constaté que ce n'est pas systématiquement le cas.

L'examen des ailes peut apporter des informations complémentaires dans l'étude du comportement ou des attitudes d'un individu. Lors de l'analyse des motivations de JFK, je vous proposerai une étude des ailes.

Cependant, les ailes ont toujours un intérêt secondaire et accessoire par rapport au type principal. En effet, nous sommes conduits par les motivations permanentes de notre type principal. Il n'est donc pas nécessaire d'étudier les ailes pour comprendre et utiliser l'ennéagramme.

Le comportement de JFK

Pour connaître les motivations de JFK et son type de l'ennéagramme, il est nécessaire d'analyser son comportement.

Un homme fragile

Jack avait une santé très précaire. Bébé, il a eu la scarlatine et a failli en mourir. Gamin, il a rapidement souffert de maux de dos très douloureux et d'autres affections. Enfant, son frère Bobby avait déclaré que « si un moustique piquait Jack, ce serait le moustique qui en mourrait. »[1]

En 1946, les médecins lui avaient diagnostiqué la maladie d'Addison, un grave dysfonctionnement des glandes surrénales. Un médecin avait même confié au sujet de JFK : « votre ami américain n'en a plus pour un an à vivre. »[1] Jack était si malade lors de son arrivée en bateau à New York qu'un prêtre lui donna l'extrême-onction.

Pendant la campagne pour le Sénat de 1952, Jack souffrait tellement du dos qu'il marchait avec des béquilles. En 1954, ses douleurs au dos s'étaient encore aggravées. Le remède consistait à souder les disques. Mais l'opération était très risquée en raison de la maladie d'Addison de Jack. Les médecins lui donnaient une chance sur deux de s'en sortir! Mais Jack était décidé : « Cette fois j'en crève ou je guéris » [1]. L'opération s'est mal passée. Jack a contracté une infection puis il est tombé dans le coma. Il reçut à nouveau l'extrême-onction. Progressivement, son état de santé s'améliora, mais sa santé demeura précaire.

Aussi, sa vie sexuelle hyperactive ne lui a pas épargné plusieurs maladies vénériennes...

Son frère Bobby estimait que Jack avait souffert de problèmes de santé « au moins pendant la moitié du temps qu'il passa sur cette terre. »[5]

Un optimisme à toute épreuve

Et pourtant, Jack était optimiste et joyeux. Il ne se plaignait presque jamais de son état de santé même quand il souffrait terriblement. Il préférait en plaisanter. En 1946, quand on lui diagnostiqua la maladie d'Addison, Jack était persuadé, tout comme ses médecins, que ses jours étaient comptés. Mais il n'était pas larmoyant pour autant. Selon Chuck Spalding

« dans quelque situation qu'il se trouvât, il tentait de flamber haut et clair ; il essayait de tirer le maximum de la vie. »[1] En 1954, après sa très lourde opération du dos, Jack souffrait beaucoup et ses chances de rétablissement étaient faibles. Mais il restait optimiste : d'après Lem « au lieu de penser qu'il était perdu, il trouvait qu'il avait de la chance. »[1]

Face à la souffrance, il avait tendance à faire diversion.

Quand ses proches l'interrogeaient sur la mort tragique de Joe Junior, son frère aîné, Jack éludait en répondant : « C'était une question de statistiques. Il faisait partie du nombre. »[1]

En 1954, avant son intervention chirurgicale au dos qui pouvait lui être fatale, Priscilla Johnson fut très surprise par son comportement : « Il était couché sur le ventre, l'oreille collée au téléphone pour se tenir informé des derniers ragots, tandis que les médecins lui appliquaient tous ces horribles traitements. Le personnel de l'hôpital n'en revenait pas. »[1]

Un homme agréable

JFK était agréable et mettait une bonne ambiance.

Lem se souvient du début de son amitié avec Jack : « Je me suis plus amusé en sa compagnie que je ne l'avais jamais fait dans ma vie. »[4]

L'équipage du PT 109 le considérait comme un chef agréable et qui ne se prenait pas au sérieux.

Ted Sorensen se rappelle qu'il était « infiniment réconforté par [la] bonne humeur » du président JFK [5].

JFK avait été très affecté par la mort de son bébé, Patrick Bouvier, survenue en août 1963. Et pourtant, il continuait à distraire et à amuser ses proches.

C'était un charmeur sympathique et sociable.

Lorsqu'il fréquentait l'établissement secondaire de Choate, il était très sociable. Il retrouvait très souvent ses copains dans sa chambre pour discuter ou faire la fête. Toujours souriant, il charmait les élèves et les enseignants.

Plus tard, il est parvenu à se faire admettre au Hasty Pudding Club, l'un des meilleurs clubs de Harvard qui a accueilli plusieurs présidents des États-Unis. Joe Junior n'avait pas eu autant de succès à Harvard.

En 1946, lors de sa première campagne électorale, Jack avait surpris les observateurs par sa capacité à charmer les femmes : les plus jeunes rêvaient de l'épouser et les moins jeunes d'être sa mère. Il était souriant, sympathique et accessible. S'il avait « le sourire le plus charmeur » pour les femmes, il avait « l'esprit le plus enjoué » pour les hommes [4].

Lem parle de Jack et de sa femme Jackie : « Tous deux avaient le chic pour vous faire sentir qu'il n'y avait pas un endroit sur la terre où vous auriez préféré être, au lieu de rester là, à parler intimement avec eux. »[1]

Un être curieux

Jack allait spontanément à la rencontre des autres. Il était curieux et ouvert.

Chuck Spalding se souvient : « Le vieillard [Joe Senior] n'était pas capable de respecter la neutralité des autres vis-à-vis de lui ; à ses yeux, les êtres se rangeaient en deux catégories : laquais ou ennemis. Mais Jack s'intéressait à tous... à une seule condition : qu'ils fussent intéressants. »[1]

Jim Reed se souvient de la campagne de 1946 pour les élections à la Chambre des représentants : « Jack se passionnait très vite pour les êtres et les idées. »[1]

Ted Sorensen notait que « Kennedy était curieux de tout, il savait tout ce qui se passait. »[5]

Un homme épris de nouveauté

Il n'aimait pas la routine et détestait se sentir enfermé.

Au début, ses fonctions de député l'intéressaient. Mais il s'en est rapidement lassé. Le député Eugene McCarty se souvient l'avoir entendu dire : « Si vous ne voulez pas travailler pour gagner votre vie, c'est un métier qui en vaut un autre. » Jack constatait qu'à la Chambre des représentants « nous ne sommes que des vers de terre ; personne ne s'intéresse à nous dans le pays. »[1]

Une fois élu président des États-Unis, les hommes du Service secret étaient à ses côtés 24 heures sur 24, pour le protéger. JFK supportait très mal leur présence envahissante. Il leur avait demandé de quitter leurs lunettes noires et leurs costumes sombres. Finalement, les hommes en noir acceptèrent de porter une chemise de sport. Mais, un jour, Jack fut tellement excédé qu'il courut vers la mer et nagea au large pour leur échapper…

Il avait tendance à ne faire que ce qui lui plaisait.

Jack était un élève moyen. Ses enseignants de l'école de Choate avaient noté sa propension à « ne faire que ce qui lui plaît. »[4] À Harvard, il ne s'investissait que dans les disciplines qui l'intéressaient, la politique et les relations internationales. Il avait tendance à négliger les autres matières.

En 1941, son père lui avait trouvé un stage à la Columbia Trust de Boston. Mais comme le monde de la finance ne l'intéressait pas, il préférait voguer sur son voilier.

Hédonisme ou boulimie ?

Jack multipliait les relations sexuelles. Il collectionnait les aventures d'un soir, souvent au mépris du danger.

Lorsqu'il était scolarisé à Choate, Jack avait entre 14 et 18 ans. Déjà, les filles occupaient une grande place dans sa vie. Lem raconte qu'il « pensait beaucoup aux filles et avait un succès incroyable auprès d'elles. »[4] À Harvard, il montrait un grand intérêt pour la fête et les jeunes femmes. Il collectionnait les aventures.

Après avoir passé sa convalescence à la campagne, Jack se changeait les idées à Los Angeles. Il rencontra une figurante à Hollywood et écrivit à Lem une lettre intitulée : « Les délices de la figurante au goût de loukoum, ou comment j'ai planté ma queue à Hollywood. »

Quand il retrouvait Chuck Spalding à Hollywood, c'était, selon ses propres termes, pour mener une « partie de chasse. »[1]

Puis il a eu une relation avec la journaliste Inga Arvad. À l'époque, un de ses collègues de la Marine le décrivait comme « un vrai Don Juan, qu'on voit très bien avec sa liste. »[4]

Lorsqu'il était député, il collectionnait les aventures avec les secrétaires et les hôtesses de l'air. George Smathers qui était lui aussi un coureur de jupons notoire se souvient : « Jack prenait plaisir à retrouver deux jeunes secrétaires ; il aimait bien être en groupe. »[1]

JFK a eu notamment comme maîtresses Judith Campbell qui était aussi la maîtresse de Sam Giancana, le patron de la mafia de Chicago, Mary Pinchot Meyer, une artiste reconnue avec laquelle il fumait des joints et prenait du LSD, Marlene Dietrich, Angie Dickinson, Marilyn Monroe, Jayne Mansfield...

Mary Pinchot Meyer figurait sur les registres de la Maison-Blanche. Marilyn Monroe avait aussi ses entrées à la Maison-Blanche : elle s'identifiait sous le nom de Miss Green et ses appels étaient traités comme prioritaires. Judith Campbell a mis JFK dans une situation embarrassante. En couchant avec elle, Jack était à la fois sous l'emprise de la pègre et du FBI puisque Hoover était au courant de leur relation.

Mais il n'y avait pas que des femmes célèbres pour agrémenter la vie sexuelle de JFK. Frank Sinatra avait pour mission de lui fournir des starlettes. Jack aimait aussi les prostituées. Et il y avait les deux secrétaires blondes que Jackie appelait « les chiennes de la Maison-Blanche. »[1]

Le président JFK n'avait pas renoncé à sa vie sexuelle trépidante. La piscine de la Maison-Blanche était devenue un haut lieu de divertissement sexuel. JFK y accueillait de nombreuses jeunes femmes, secrétaires, starlettes [...] désireuses de partager un moment érotique avec le président. La Maison-Blanche organisait aussi des parties free love, avec échange de partenaires. En voyage, JFK était systématiquement accompagné de jeunes femmes [2].

Jack ne faisait pas beaucoup d'effort pour cacher ses multiples aventures extra-conjugales.

Jackie avait découvert une culotte de femme dans son lit. Elle l'avait donnée à Jack : « Tu trouveras bien à qui elle appartient, ce n'est pas ma taille. »[1]

Mais le sens de l'humour de Jackie avait ses limites. Exaspérée et humiliée par les passades de son mari, elle voulait divorcer. Joe Senior l'en a dissuadée. Il lui aurait offert un million de dollars pour préserver les apparences du mariage [3].

L'appétit de jack s'exprimait aussi dans la lecture.

Gamin, sa santé fragile l'obligeait à passer de longs moments au lit. Il lisait beaucoup, notamment, *Le voyage du pèlerin* ou *La table ronde*. Rapidement, il s'est attaqué à *La crise mondiale* de Winston Churchill et à *La Rome antique* de Thomas Macaulay. À Harvard, il était un lecteur assidu.

Priscilla Johnson précise : « Jack était un lecteur vorace, mais il n'était pas féru d'idées abstraites. »[1] JFK avait aussi suivi une formation à la lecture rapide pour lire jusqu'à 1 200 mots par minute.

Ted Sorensen témoigne que JFK lisait énormément pour son travail et pour son plaisir : des ouvrages d'histoire, des biographies, mais aussi les aventures de son héros favori, James Bond. JFK était fasciné par James Bond, espion héroïque et coureur de jupons invétéré...

Désordre et retards

Lorsqu'il était enfant puis adolescent, sa mère lui reprochait très souvent ses retards et son manque d'ordre. Le directeur de l'établissement secondaire de Choate était du même avis : « Jack est désinvolte et désordonné. Il est toujours en retard et n'étudie qu'à la dernière minute. »[4]

Pendant les campagnes électorales, Jim Reed surveillait ses retards : « Quand il se rendait sur un lieu de travail et se mettait à discuter avec les ouvriers, il se trouvait très vite si absorbé qu'il fallait lui rappeler de partir. »[1]

Quand il était jeune député, son appartement était « un capharnaüm. »[1]

Même Ted Sorensen, son hagiographe, reconnaissait que JFK « était toujours pressé et fréquemment en retard. » Et à la Maison-Blanche « malgré ses efforts et malgré son désir tout nouveau d'être ponctuel [...] le président avait souvent une heure de retard sur le programme établi. »[5]

Quel engagement ?

À Harvard, Jack a eu quelques relations sérieuses avec des jeunes femmes. Ses parents pensaient qu'il pourrait se marier avec l'une d'elles. Charlotte McDonnell, qui fut considérée comme une fiancée possible raconte : « il ne parlait jamais directement de mariage » ; ou encore : « il lui arrivait de m'appeler pour me demander d'aller au théâtre et de dîner ensemble avant le spectacle ; puis à la dernière minute, il n'y avait pas de dîner. »[1] Visiblement, Jack ne faisait pas beaucoup d'efforts pour construire une relation durable avec Miss McDonnell.

Jack est aussi tombé amoureux de Frances Ann Cannon, une belle et intelligente jeune femme de surcroît issue d'une famille fortunée. La question du mariage fut, semble-t-il, soulevée. Mais les parents de Frances ne voulaient pas d'un gendre catholique. Après la rupture, Rose avait remarqué : « Jack semble un peu déprimé d'avoir laissé filer sa petite amie. Il dit que c'est la seule avec qui il ait eu du plaisir à sortir, et pourtant il reconnaît qu'il ne voulait pas se marier. »[4] En fait, Jack ne s'est jamais déclaré et s'est rapidement remis de la rupture.

Son pragmatisme le conduisait à être très attentif aux engagements qu'il prenait. Ainsi, au sénateur Joseph Clark qui le pressait à faire plus en matière de contraception, Jack répondit : « Je serai aussi audacieux que j'oserai l'être. »[1]

Fin 1959, Marilyn Monroe, qui était alors l'une de ses maîtresses avait parlé mariage. Jack lui répondit : « Je vais être candidat à la présidence. Je ne peux pas divorcer. »[2]

Après qu'il fut élu président, JFK fit souvent part de son intention de « laisser toutes les options ouvertes. »[1]

La question du choix

JFK détestait qu'on lui force la main.

James Rousmaniere, son camarade de chambre, se rappelle : « Je crois que Jack était très heureux que son frère ait assumé l'obligation de satisfaire les ambitions paternelles... Il estimait que Joe, en sa qualité d'aîné, étant donné la situation, devait faire face à bien des responsabilités que, pour sa part, il préférait éluder. Il en retirait une certaine liberté qu'il savait apprécier. »[1]

Adolescent, il se démarquait habilement des opinions politiques de son père. Joe Senior défendait l'isolationnisme des États-Unis et soutenait la politique de Franco. Lors de son voyage en Europe avec Lem, Jack écrivait : « Bien que je croie de beaucoup préférable, pour l'Espagne, une victoire de Franco, car celle-ci renforcerait le pays et son unité, il n'en demeure pas moins qu'à l'origine le gouvernement (républicain) avait raison d'un point de vue moral, car son programme ressemblait à celui du New Deal. »[1]

Dans son mémoire de fin d'études à Harvard, Jack s'écartait prudemment des opinions de son père en présentant Churchill comme un prophète et un héros.

En 1946, il avait conscience de faire campagne au nom de son frère décédé. À ce sujet, il avait confié à John Droney : « Parfois nous sommes tous obligés de faire des choses que nous n'avons pas envie de faire. » Il avait aussi déclaré à Lem : « Je crois que papa a décidé de jouer au ventriloque, aussi ne me reste-t-il plus, je pense, que le rôle de marionnette. »[1]

Une marionnette... Vraiment ?

Au début de sa carrière politique, son père lui avait indiqué quelle position il devait adopter sur un texte. Jack lui avait répondu : « Écoute, papa, tu as tes idées en politique, et j'ai les miennes. Je voterai exactement comme je crois devoir le faire sur cette question. »[1] Il se démarquait de son père sur certaines opinions politiques. Ainsi Jack soutenait le plan Marshall alors que Joe Senior y était farouchement opposé.

Lorsqu'il était sénateur, JFK avait embauché Theodore Sorensen comme assistant sans en référer à son père. Sorensen écrivait ses discours. Il prônait une politique interventionniste des États-Unis alors que Joe

Senior défendait des thèses isolationnistes. Chuck Spalding confirme que les deux hommes « étaient en complet désaccord. »[1]

Au début de la campagne pour les présidentielles, JFK était en retard sur Nixon dans les intentions de vote. Joe Senior voulait réorienter sa campagne en insistant plus sur l'inflation. Jack mit les choses au point : « Écoute, tu t'occupes du financement et moi je m'occupe des problèmes politiques. »[1]

Compromis et indécision

JFK éprouvait de grandes difficultés à trancher.

Le projet de mariage entre sa sœur Kick et Bill, le duc de Devonshire, divisait la famille. Les Kennedy étaient catholiques et Rose ne supportait pas que sa fille épouse un protestant. Jack prenait la situation à la légère et ne voulait surtout pas prendre parti, alors même qu'il était très proche de Kick. À l'époque, il écrivait à Lem : « En ce qui concerne la promotion de Kick au rang de duchesse, ce serait plutôt bien, car je crois que j'en retirerais un titre ou un autre. »[1] Mais lors du mariage, le 6 mai 1944, seul Joe Junior était présent du côté des Kennedy...

En 1952, pendant la campagne pour les sénatoriales, Mark Dalton, un membre de l'équipe de JFK, fut humilié en public par Joe Senior. Mark demanda alors à Jack s'il avait toujours sa confiance. La seule réaction de Jack fut de hausser les épaules et Mark quitta l'équipe.

Après la victoire de Jack aux élections sénatoriales, Joe Senior défendait des thèses isolationnistes devant les journalistes. Jack, qui ne partageait pas ces idées, était gêné et avait quitté la salle. Red Fay l'interpella : « Mon Dieu, Jack, que se passe-t-il ? Pourquoi faire une chose pareille ? » Jack lui répondit : « Écoute, j'avais le choix entre trois solutions : rester là sans rien dire ce qui pouvait passer pour un signe d'acquiescement ; contredire mon père devant les journalistes ; ou m'en aller. »[1]

Des proches de JFK s'inquiétaient de l'influence néfaste que son père pouvait exercer sur sa campagne présidentielle. JFK leur répondit : « Je ne peux pas donner des ordres à mon père. C'est un vieillard, et il n'a jamais été aussi heureux de sa vie en pensant m'aider. Croyez-vous que je puisse y faire quelque chose ou que je le veuille ? »[1]

Ted Sorensen, qui pourtant ne tarissait pas d'éloges sur JFK, constatait qu'il « avait une grave faiblesse en tant qu'administrateur : il ne pouvait se résoudre à mettre quelqu'un à la porte. »[5] Sorensen précisait que JFK avait été incapable de renvoyer une secrétaire manifestement incompétente.

Au début de son mandat de président, JFK a maintenu J. Edgar Hoover à la tête du FBI et Allen Dulles à la CIA alors qu'il souhaitait les remplacer par des hommes plus proches de lui.

Quand la CIA lui présenta un plan pour renverser Castro, JFK fut très intéressé. Mais il ne donna son accord qu'après avoir longuement hésité. Lorsque l'opération se présenta mal pour les exilés cubains soutenus par les États-Unis, il annula le deuxième raid aérien qui aurait pourtant facilité l'arrivée des assaillants. Enfin, il refusa l'intervention de l'armée américaine pour sauver l'opération de la Baie des Cochons. Par la suite, JFK n'abandonna pas les projets d'assassinat de Castro, mais en parallèle, il tentait de nouer des relations diplomatiques avec le leader cubain. Au début, JFK a suscité beaucoup d'espoir dans les rangs anticastristes. Mais, du fait de son indécision, les opposants anticastristes se sont sentis abandonnés et même trahis.

Comme JFK n'avait pas envoyé l'armée américaine à Cuba, Khrouchtchev en conclut qu'il était faible et indécis. De son côté, Khrouchtchev n'avait pas hésité à utiliser les chars de l'armée soviétique en Hongrie lors de l'insurrection de 1956. Peu après, lors de la conférence de Vienne, JFK n'était pas très à l'aise face à Khrouchtchev. Il avait même reconnu que c'était « comme avec papa ; toujours donner et ne rien prendre. »[1]

L'exécutif avait très bien géré la crise des missiles cubains. Joseph Kraft affirmait qu'elle avait permis à JFK « d'affirmer enfin sa virilité devant les Russes. »[1] Mais Jack était très tendu et c'est Bobby qui a joué le premier rôle dans ce succès. Jack a d'ailleurs reconnu le rôle éminent qu'a joué son jeune frère : « Dieu merci, il y avait Bobby », confia-t-il [1].

Sa politique étrangère vis-à-vis de l'URSS et des pays d'Europe de l'Est était surprenante. Le 10 juin 1963, juste avant la signature d'un traité d'interdiction des essais nucléaires avec l'URSS, JFK prononçait un discours qui légitimait la domination de l'URSS sur l'Europe de l'Est. Mais deux semaines après, dans son célèbre discours à Berlin « Ich bin ein Berliner », il s'affichait en totale opposition avec sa précédente intervention.

La politique vietnamienne de JFK fut également marquée par l'indécision. Au début, il défendait la politique Lansdale qui avait pour objectif de « gagner les esprits et les cœurs. »[1] JFK accepta ensuite l'intervention militaire des États-Unis et soutint la politique répressive du président Diem. Puis il devint très hésitant au sujet de Diem : il l'assura de son soutien, puis souhaita un coup d'État et enfin il ne l'informa pas du coup d'État qui se préparait contre lui. Et lorsque Diem fut assassiné, JFK était, selon Lem Billings, bouleversé et désespéré.

Les motivations de JFK

Que savons-nous du comportement de JFK ?

JFK était presque toujours optimiste et joyeux malgré ses nombreux, graves et douloureux problèmes de santé. Face à la souffrance, il faisait diversion.

Il était charmeur, sympathique, sociable et savait mettre une bonne ambiance.

Il montrait de la curiosité et une indéniable ouverture d'esprit.

Il ne supportait pas l'enfermement et avait tendance à ne faire que ce qui lui procurait du plaisir. Il accumulait les relations sexuelles avec des partenaires différentes. Il aimait beaucoup lire aussi...

Débordé par ses multiples activités, il était presque toujours en retard. L'engagement n'était pas son point fort. Il aimait avoir le choix et supportait mal qu'on lui impose une décision. Enfin, il éprouvait de sérieuses difficultés à trancher.

Par conséquent, JFK était type 7. Sa motivation positive permanente était de rechercher le plaisir en multipliant les stimulants. Son principal stimulant était la sexualité.

Il détestait et fuyait l'ennui, l'enfermement, les contraintes et la souffrance. C'était sa motivation négative permanente.

Un type 3 ?

La culture Kennedy instaurée par Joe Senior – compétition à outrance, primauté des apparences et volonté effrénée de réussite sociale - valorisait un comportement de type 3.

Joe Senior répétait souvent à ses enfants : « Je veux des gagnants ; il n'y a pas de place pour les perdants, ici. »[1]

Il encourageait tout particulièrement la rivalité entre ses deux aînés, Joe Junior et Jack. Et la compétition fut intense. Joe Junior se sentait investi d'une mission de chef des enfants. Il était courageux, fort et bagarreur. Il avait expliqué à un ami : « Je suis le plus vieux de la famille et je dois donner l'exemple à un tas de frères et sœurs. » C'est d'ailleurs lui qui a utilisé le premier l'expression « le clan Kennedy. »[1]

JFK était-il type 3 ?

Jack a souffert de problèmes de santé récurrents et d'une constitution physique plus faible que celle de son aîné. Cependant il n'hésitait pas à provoquer son frère et se montrait plus subtil pour remporter quelques victoires. Mais Joe Junior prenait souvent le dessus : contrairement à Jack il était un sportif accompli et un élève brillant.

La tendance s'était radicalement inversée lors du naufrage de la vedette PT 109. Jack s'était montré courageux et son père avait assuré la médiatisation de l'événement. La famille Kennedy avait même organisé une fête pour son héros.

Joe Junior le vécut très mal : il quitta la pièce en larmes et déclara qu'il montrerait qui était le vrai héros de la famille. Peu après, il se porta volontaire pour une mission secrète et très risquée dont l'objectif était de détruire des rampes de lancement des fusées V1. Mais l'avion qu'il pilotait explosa en vol et Joe Junior fut tué sur le coup.

Joe Senior était très sensible aux apparences. Lorsqu'il avait demandé à Jack de se présenter aux élections de la Chambre des représentants en 1946, sa fille Eunice l'interrogea : « Papa, tu crois vraiment que Jack pourrait être député. » Joe lui répondit : « Rappelle-toi ça : ce qui compte, ce n'est pas ce que tu es, mais ce que les gens croient que tu es. »[1] Il n'avait pas hésité, selon ses propres termes, à « vendre John comme des savonnettes. »[4]

La culture familiale de la compétition, du succès rapide et de l'importance des apparences instaurée par Joe Senior privilégiait assurément les motivations et le comportement de type 3.

Le type 3 recherche le succès et veut obtenir des résultats rapides, visibles et valorisants. Il a tendance à privilégier les apparences et à fanfaronner. En revanche, il occulte ses échecs.

Qu'en était-il pour Jack ?

Jack ne consacrait pas une énergie débordante pour préserver les apparences. Quand il était jeune député, il s'habillait « n'importe comment. »[1]

Betty Young, une amie d'adolescence, se souvient : « Il parlait de lui tout le temps. Joe [Junior, son frère] jouait mieux que lui au football, dansait mieux, obtenait de meilleures notes. L'ombre de Joe pesait sur lui en permanence. » Lors de son arrivée à l'université d'Harvard, Jack avait prévenu le maître d'études de Winthrop House : « J'aimerais signaler que je ne suis pas aussi brillant que mon frère. »[1]

Après la mort de Joe Junior, il confiait à Lem : « Je suis comme le boxeur qui s'entraîne contre une ombre, en sachant que l'ombre sera toujours victorieuse. »[1]

Ted Sorensen écrit que JFK « ne se vantait jamais de ce qu'il avait fait pendant la guerre. » D'ailleurs, à un jeune qui lui demandait comment il était devenu un héros, JFK rétorqua : « Facile... Ils ont coulé mon bateau. »[5]

Jack n'était pas insensible au succès, mais il n'était pas vantard. Dans la rivalité qui l'opposait à Joe Junior, ce n'est pas Jack qui recherchait le plus avidement le succès et les honneurs, mais son frère aîné.

Jack était conscient qu'il devait d'abord sa carrière politique à la volonté de son père et au décès prématuré de Joe Junior. « Je n'aurais jamais été

candidat à un emploi public si Joe avait vécu »,
constatait-il [5].

En bref, le premier objectif de JFK n'était pas de
réussir le plus rapidement possible. Il n'était pas type 3.

La formation des motivations

Tentons maintenant d'expliquer comment les
motivations permanentes du jeune Jack se sont
formées.

« L'architecte » Joe Senior, même s'il était
souvent absent, a marqué la vie de ses enfants et
notamment celle de Jack. Charles Spalding estimait que
« Joe Senior voulait être ce qu'il y avait de plus
important dans la vie de ses enfants. » Lem Billings
constatait que « le père de Jack Kennedy a eu une
influence très importante sur sa vie. » Jack se souvenait
de son enfance et de l'omniprésence de Joe Senior :
« Nous n'avions pas d'opinion en ce temps-là. [Les
conversations de famille] étaient essentiellement des
monologues de mon père. »[4]

Et pourtant Jack se sentait proche de son père.
Comme Joe Senior, Jack était un coureur de jupons. Le
père et le fils ont vraisemblablement partagé des

maîtresses. Quand l'actrice Joan Fontaine lui révéla que Joe Senior lui avait proposé d'être son amant alors qu'il avait déjà 65 ans, Jack répliqua : « Je voudrais bien être comme cela à cet âge-là ! »[4]

Jack montrait même de la reconnaissance pour son père : « C'est lui qui a tout fait », déclarait-il [4]. Quand JFK était président des États-Unis, l'influence de Joe Senior perçait encore. Alors qu'il devait gérer un conflit avec les patrons de la sidérurgie, JFK déclara à son équipe : « C'est une bande de salopards, c'est moi qui vous le dit, et pas seulement parce que mon père me l'a dit » ! [4]

Rose s'occupait avant tout de l'organisation de la maison et de l'éducation religieuse des enfants. Elle était plus présente que son mari au foyer familial, même si elle s'absentait régulièrement pour des voyages à l'étranger.

Les relations entre Rose et le jeune Jack étaient tendues. Rose lui reprochait souvent sa tendance au désordre et ses retards. Joseph Gargan, un proche de la famille raconte : « Ils étaient souvent en bisbille pour des questions de discipline domestique parce qu'il ne s'y pliait pas trop bien. »[4]

Alors que Rose s'apprêtait à partir en voyage, Jack, qui n'avait alors que 4 ou 5 ans, lui reprocha : « Eh bien, tu es une drôle de mère pour partir comme ça en abandonnant tes enfants ! »[4]

Certains camarades de classe de Jack se souviennent qu'il était très critique envers sa mère alors qu'il affichait une grande admiration pour son père. Il avait même confié à Mary Gimbel : « Ma mère c'est zéro. »[1] Par la suite, JFK n'a jamais montré de tendresse pour sa mère.

En bref, Jack avait associé son père au plaisir et sa mère à la contrainte et à la souffrance.

Il peut sembler curieux que Jack ait assimilé Joe Senior au plaisir alors qu'il était autoritaire. Mais le comportement de Rose y est vraisemblablement pour beaucoup.

Sa sœur Kathleen Kennedy et William Cavendish s'étaient mariés en 1944. Rose Kennedy était farouchement opposée à ce mariage, car les Cavendish étaient protestants. William fut tué au combat. Kathleen était bouleversée par la mort de son mari, mais aussi, et peut-être encore plus, par les conséquences religieuses de son mariage. Elle s'était confiée à un ami au sujet de la religion de leurs enfants : « Je pense que Dieu a réglé l'affaire à sa façon, n'est-ce pas ? » Elisabeth, la sœur de William Cavendish, raconte : « De toute ma vie, je n'ai jamais vu quelqu'un d'aussi malheureux. Il me fallait dormir dans sa chambre nuit après nuit. Sa mère avait cherché à la convaincre que ce mariage avait été un pêché, de sorte que non contente de pleurer un époux, elle s'inquiétait pour le salut de son âme. »[1] Et pourtant, Kathleen était par ailleurs une jeune femme dynamique, pleine de vie et dotée d'une personnalité affirmée.

Kathleen avait surmonté cette épreuve et rencontré Peter Fitzpatrick. Elle voulait l'épouser. Cette fois encore, Rose rejetait ce projet de mariage de toutes ses forces. Elle avait menacé Kathleen de la renier, de ne plus jamais la revoir et elle avait demandé à Joe Senior de ne plus lui verser d'argent. Kathleen et Peter sont morts dans un accident d'avion en 1948. Lem avait conclu que Rose « voyait dans cet accident d'avion le doigt de Dieu. »[1]

À lumière de ces événements, on comprend mieux pourquoi Jack, qui était par ailleurs très proche de Kathleen, a pu associer sa mère à la souffrance.

Doux rêveur ou pragmatique ?

Plus un individu de type 7 dispose de possibilités et d'options réjouissantes, plus il se sent libre. Le type 7 peut être débordant d'imagination et cela peut le conduire à élaborer des plans totalement irréalistes.

Qu'en était-il pour JFK ?

Nous avons vu qu'il n'aimait pas s'engager et souhaitait avoir le choix. En revanche, on ne trouve pas trace, dans les biographies, de comportements révélant une imagination débordante qui l'aurait conduit à envisager des solutions irréalistes.

JFK s'est montré pragmatique et réaliste. D'ailleurs, à un journaliste qui le pressait de se définir, il avait répondu : « Je suis réaliste. »[1]

L'humour comme une diversion

JFK détestait et fuyait la souffrance. Sorensen constate qu'il « ne parlait jamais de ces drames [familiaux]. »[5] Il avait le sens de l'humour et de l'autodérision. Il les utilisait à la fois pour faire diversion et mettre une bonne ambiance. En voici quelques exemples.

Il était très souvent malade, il souffrait et pourtant il ne perdait pas son sens de l'humour. Lem Billings raconte : « J'en parle parce que, tout au long de sa vie, il y a eu peu de jours pendant lesquels il n'a pas souffert ou n'a pas été malade d'une façon ou d'une autre [...] On avait l'habitude d'en plaisanter en disant que, si j'écrivais un jour sa biographie, je l'intitulerais John Kennedy, une histoire médicale. »[4]

À l'occasion d'un de ses nombreux séjours à l'hôpital, Jack écrivait à Lem : « Ils n'ont rien trouvé d'autre qu'une leucémie et une agranulocytose. Jeté un coup d'œil sur ma fiche hier et découvert qu'ils prennent mentalement mes mesures pour le cercueil. Il faut manger, boire et faire l'amour, car demain ou l'autre semaine, nous irons à mon enterrement. »[1]

Après la destruction de sa vedette PT 109, il aimait raconter aux filles son périple à la nage. Il ne se vantait pas de son courage, mais leur expliquait avoir nagé sur le dos par peur des requins, car il voulait protéger ses testicules...

Un manque cruel d'empathie

Le type 7 peut montrer très peu d'empathie et parfois développer des tendances narcissiques. Assurément, JFK manquait cruellement d'empathie.

En 1938, il écrivait à Lem : « Je peux maintenant baiser aussi souvent et gratuitement que je veux, ce qui est un pas dans la bonne direction. »[1] Le journaliste John White se souvient que Kick lui avait confié : « Écoute, il y a une chose que tu dois savoir de moi ; je suis comme Jack, incapable de ressentir une affection profonde. »[1]

De nombreuses femmes ont souligné son insensibilité affective.

Une proche de la famille Kennedy, qui avait eu une relation sentimentale avec Jack, constatait : « Il était totalement incapable de se lier affectivement à qui que ce soit. »[4]

Une ancienne conquête se souvient qu'il « dégageait plus de lumière que de chaleur » et qu'il « voulait avoir fait l'amour plus que le faire. »[1]

Inga Arvad relève que Jack « ne s'embarrasse pas d'états d'âme. »[4] Elle ajoute : « Il prend son plaisir sans penser à celui de sa partenaire. Il éjacule et c'est fini. »[2]

L'actrice Angie Dickinson résume son aventure avec JFK : « Ce furent vingt secondes très agréables. »[2]

L'une de ses nombreuses maîtresses raconte : « Il était aussi comminatoire que Mussolini : "Le dos au mur signora, si vous avez cinq minutes" - quelque chose comme ça. Ce n'était pas un homme tendre ni attendrissant. En fait, il avait été malade si longtemps, qu'il avait peur qu'on le touche, pour ainsi dire. »[1]

Jack avait rejoint son père sur la Côte d'Azur pendant l'été 1956. Il accompagna George Smathers pour une croisière en compagnie de nombreuses jeunes femmes. Pendant le voyage, Jack apprit la fausse-couche de Jackie. Mais il n'était pas pressé de rejoindre sa femme et c'est George qui a insisté pour qu'il rentre aux États-Unis. Et Jack n'a pris le chemin du retour que trois jours plus tard...

Leslie Devereux, une call-girl, disait que JFK était « mécanique et froid » et qu'il avait « des yeux durs et un sourire dominateur. »[2]

Après l'élection de JFK à la présidentielle, Marietta Tree avait déclaré : « J'aurais aimé que JFK ait un cœur. Il n'en a pas. »[3]

En 1962, JFK avait séduit Mimi Beardsley, une étudiante de 19 ans. Il l'a déflorée sur le lit de Jackie. L'acte accompli, après avoir remis son pantalon, il a déclaré à la jeune femme : « La salle de bains est par là. »[2]

JFK pouvait aussi se montrer particulièrement grossier avec les femmes. Bobby Baker était l'assistant de Lyndon Johnson. Il avait rencontré Jack et Bill Thomson, accompagnés d'une très belle femme. Thomson avait déclaré : « Bobby, regarde-moi cette jolie poulette ; elle fait les meilleures pipes des États-Unis. » La jeune femme restait impassible et souriante. Voyant que Baker était gêné, Kennedy rit puis lui confia : « T'en fais pas, Bobby, elle est allemande et ne comprend pas un mot d'anglais. Mais ce que dit Bill est rigoureusement exact. »[1]

Il n'y avait pas qu'avec les femmes que JFK était grossier. Le leader démocrate Adlai Stevenson remarquait : « Ce jeune homme ne dit jamais "s'il vous plaît" ; il ne dit pas non plus "merci" ; il ne demande rien, il exige. »[1]

JFK avait tendance à considérer les femmes comme des objets de consommation à sa disposition. D'après son ami Lem « les femmes ne lui servaient qu'à prouver sa virilité, il le savait, ce qui ne manquait pas de le déprimer parfois. »[1]

Priscilla McMillan parle des relations de JFK avec les femmes : « Ce qui comptait pour lui, c'était le plaisir de la chasse. Je crois qu'il était secrètement déçu quand une femme lui cédait, car cela le confirmait dans le mépris qu'il avait des femmes. Cela signifiait aussi qu'il lui fallait en assiéger une autre […] Je lui demandai pourquoi il se conduisait ainsi — pourquoi il se comportait comme son père, pourquoi il évitait d'entretenir de véritables relations avec les femmes, tout en courant le risque de se voir impliqué dans un scandale au moment où il tentait de faire carrière. Il réfléchit un moment avant de répondre ; finalement, il haussa les épaules et dit : "Je ne sais pas ; je crois que je ne peux pas m'en empêcher." Il y avait une expression de tristesse sur son visage. On aurait dit un petit garçon qui a envie de pleurer. »[1]

JFK affichait l'image d'un homme joyeux, mais c'était un triste Don Juan.

Il fuyait la souffrance en multipliant les conquêtes sexuelles. Il était affectivement insensible.

En bref, le niveau d'intégration de ses motivations était faible.

Qu'en est-il des ailes ?

Un individu peut développer des comportements des deux types voisins. Ce sont les ailes du type. Ainsi, un type 7 comme JFK peut intégrer des comportements des types 6 et 8.

JFK, président des États-Unis a peut-être développé une aile 8 c'est-à-dire un comportement de chef, d'homme fort. Qu'en est-il ?

Jack avait une santé très précaire et souffrait de maux de dos terribles. Et pourtant il était sportif et dynamique. Adolescent, il a joué au football américain, ce qui a encore aggravé ses problèmes de dos. Ensuite, il a choisi un sport moins violent, la natation. Il s'y est distingué par des résultats tout à fait honorables. Il donnait l'image d'un homme politique dynamique, bronzé et en pleine possession de ses moyens physiques.

Jack n'a jamais baissé les bras, il s'est toujours battu malgré une santé chancelante. Sa mère Rose expliquait : « Presque toute sa vie, il eut à batailler contre des ennuis de santé. Peut-être cela lui a-t-il donné une sorte de force qui l'a aidé à devenir le grand homme qu'il a été. »[4]

Quand il était président des États-Unis, JFK a fait face à des situations très tendues. Il a dû prendre des décisions difficiles. Mais était-il vraiment un homme fort ?

Depuis la campagne de 1952 pour les élections au Sénat, Jack et Bobby ont formé un solide duo. C'est Bobby qui endossait le rôle de « corrosif, méchant, effronté. » Quand Bobby fut la cible de critiques parce que les affiches de la campagne n'avaient pas été imprimées dans le Massachusetts, Jack s'écria : « Oh merde, tout le monde tape sur Bobby ; j'en ai sacrément marre et ça me rend malade. Bobby est le seul qui ne me lance pas des poignards dans le dos, le seul sur qui je puisse compter quand j'en ai besoin... »[1]

La première leçon que Jack tira de l'échec retentissant de la Baie des Cochons concernait Bobby : « J'aurais dû le mettre dans le coup depuis le tout début », confia-t-il à Lem Billings. Lem en avait conclu :

« Jack ne l'admit jamais ouvertement, mais dès ce moment, l'action présidentielle de Kennedy devint le produit d'une sorte de collaboration entre les deux frères. »[1]

Joe Senior avait été mis sur la touche. Fred Dutton, un collaborateur de JFK à la Maison-Blanche se souvient que Joe Senior « souffrait de voir que Jack et Bobby ne lui demandaient pas des tas de conseils. »

Après que Joe Senior fut victime d'une attaque qui le handicapa lourdement, les deux frères devinrent encore plus proches. Lem avait noté qu'ils « étaient sur la même longueur d'onde au point qu'ils se coupaient mutuellement la parole pour terminer chacun la pensée de l'autre. » Lyndon Johnson, le vice-président, constatait lui aussi : « C'est Bobby qu'il écoute. »[1]

Bobby avait joué un rôle déterminant dans la gestion de la crise cubaine. C'était encore lui qui, constatant que les multiples aventures de Jack pouvaient le rendre vulnérable, avait insisté pour qu'il mette fin à sa relation avec Frank Sinatra.

Même s'il affichait une image dynamique et conquérante, JFK éprouvait de grandes difficultés à prendre une décision. L'aile 8 de Jack, c'est-à-dire le chef qui commande, décide et tranche, c'était surtout Bobby !

Le talent, révélateur du domaine d'excellence

Qu'est-ce que le talent ?

Je définis le talent comme une capacité dont un individu dispose à un niveau exceptionnellement élevé.

Selon les auteurs et le contexte, le talent peut désigner les compétences, l'intelligence ou parfois la mise en concurrence d'individus dans un domaine. Ce dont il est question ici est le talent en tant que capacité exceptionnelle dont dispose un individu.

Je défends que tout individu a un talent. Et cette capacité d'excellence s'applique dans un domaine déterminé : le champ d'application du talent.

Trouver son talent ou celui d'une autre personne consiste à définir cette capacité d'excellence et déterminer précisément son champ d'application.

Utiliser son talent consiste à acquérir, développer et mettre en œuvre des compétences qui s'inscrivent dans son champ d'application.

Les intelligences multiples

Howard Gardner est le père de la théorie des intelligences multiples. Il est psychologue, neurologue et professeur à Harvard.

La théorie des intelligences multiples remet en cause la pertinence des tests de QI.

Elle élargit le champ de l'intelligence. C'est une théorie intuitive, facile à utiliser, qui donne des résultats tout à fait intéressants et facilement exploitables.

Dans son ouvrage, *Les intelligences multiples*, Gardner définit l'intelligence comme « la capacité à résoudre des problèmes ou à produire des biens ayant une valeur dans un contexte culturel ou collectif précis. »

À partir de cette définition très générale, Gardner dénombre neuf catégories : l'intelligence logico-mathématique, l'intelligence verbale et linguistique, l'intelligence visuelle et spatiale, l'intelligence interpersonnelle, l'intelligence intrapersonnelle, l'intelligence kinesthésique et corporelle, l'intelligence musicale et rythmique, l'intelligence naturaliste et l'intelligence existentielle.

Il considère que l'intelligence existentielle ne remplit pas toutes les conditions pour être qualifiée d'intelligence à part entière. C'est pourquoi il la reconnaît comme une demi-intelligence.

– L'intelligence logico-mathématique

L'intelligence logico-mathématique est la capacité d'un individu à construire un raisonnement logique et à calculer.

Un individu qui a un niveau élevé d'intelligence logico-mathématique résout un problème en posant des équations, aime quantifier, peut évaluer un ordre de grandeur facilement et cherche à expliquer les choses de façon logique.

– L'intelligence verbale et linguistique

L'intelligence verbale et linguistique est la capacité d'un individu à utiliser les mots et le langage de différentes manières.

Ceux qui ont un niveau élevé d'intelligence verbale et linguistique aiment lire et écrire, s'expriment avec aisance à l'écrit ou à l'oral, aiment les jeux de mots, les jeux avec des mots (mots croisés, mots fléchés…)

– L'intelligence visuelle et spatiale

L'intelligence visuelle et spatiale est la capacité à visualiser mentalement des objets et plus généralement à créer et manipuler des images mentales.

Ceux qui affichent un haut niveau d'intelligence visuelle et spatiale comprennent et expliquent avec des croquis, des graphiques, des cartes ou des images, ont un sens développé de l'orientation et souvent, aiment jouer aux échecs, aux dames ou avec des puzzles par exemple.

– L'intelligence interpersonnelle

L'intelligence interpersonnelle est la capacité d'un individu à comprendre les autres — leurs émotions et leurs motivations entre autres — et à entrer en relation avec eux.

Ceux qui décryptent facilement les émotions de leurs interlocuteurs, définissent aisément leurs opinions et leurs croyances, font spontanément le premier pas pour rencontrer des inconnus, s'adaptent facilement aux autres, aiment travailler en groupe ou communiquent avec aisance ont un niveau élevé d'intelligence interpersonnelle.

– L'intelligence intrapersonnelle

L'intelligence intrapersonnelle est la capacité à se connaître soi-même, à comprendre sa façon de fonctionner, à analyser ses forces et ses faiblesses, ses capacités ou ses aptitudes.

Ceux qui savent se fixer des objectifs réalistes, s'y tenir et les atteindre, qui préfèrent travailler seuls en élaborant efficacement leur propre méthode et qui connaissent bien les autres en s'appuyant sur leur propre connaissance d'eux-mêmes ont une intelligence intrapersonnelle élevée.

– L'intelligence kinesthésique et corporelle

L'intelligence kinesthésique et corporelle est la capacité à utiliser son corps de façon maîtrisée, subtile et élaborée.

Ceux qui se meuvent de façon harmonieuse et coordonnée, qui sont habiles avec leurs mains, qui manipulent des objets avec dextérité et qui montrent des qualités sportives avérées ont un niveau élevé d'intelligence kinesthésique et corporelle.

– L'intelligence musicale et rythmique

L'intelligence musicale et rythmique est la capacité à être sensible aux sons, aux rythmes, aux tonalités et aux mélodies.

Ceux qui chantent juste, qui battent du pied et tapent des mains en rythme, qui reproduisent et inventent des airs et des mélodies ont un niveau élevé d'intelligence musicale et rythmique.

– L'intelligence naturaliste

L'intelligence naturaliste est la capacité à être sensible et à comprendre la nature, le monde vivant, à reconnaître les espèces de la faune et de la flore.

Elle est aussi la capacité à catégoriser et à classifier les objets et les structures naturels ou artificiels. Cette capacité s'applique également aux individus ou aux groupes sociaux.

Ceux qui aiment comprendre, utiliser et créer des classifications et des catégories ont un niveau élevé d'intelligence naturaliste.

– L'intelligence existentielle

L'intelligence existentielle est la capacité à réfléchir sur la finalité de l'existence : le sens de la vie, de la mort ou le destin de l'humanité par exemple.

Talents et intelligences multiples

Une personne peut afficher un niveau exceptionnellement élevé pour l'une des intelligences multiples. Pour Gardner, il s'agit d'une « personnalité exceptionnelle. »

Dans ce cas, le champ d'application de son talent correspond à cette intelligence.

Mozart était à la fois un musicien et un compositeur extraordinaire, et ce dès son plus jeune âge. Le champ d'application de son talent coïncidait avec celui de son intelligence musicale et rythmique exceptionnellement élevée.

D'autres talents

Il existe des talents qui ne correspondent pas à une intelligence exceptionnellement élevée.

Il y a un lien entre ces autres talents et les intelligences multiples. Mobiliser un talent c'est aussi utiliser une ou plusieurs intelligences multiples. Toutefois, les intelligences multiples ne permettent pas, à elles seules, d'expliquer ces talents. Cela signifie, notamment, qu'un individu peut avoir un niveau élevé dans ces intelligences multiples sans pour autant disposer de ce talent.

Je vous propose une liste non exhaustive de talents.

– Le charisme

Le charisme ou magnétisme est la capacité à capter l'attention par sa seule présence. Le talent charismatique opère sans mise en scène. L'individu charismatique attire irrésistiblement l'attention des autres par sa seule présence.

Le talent est la capacité à acquérir et mettre en œuvre des compétences à un niveau exceptionnel. Il exige donc un investissement personnel pour développer des compétences.

Mais il faut bien reconnaître que le talent charismatique est celui qui exige le moins d'efforts pour se révéler.

– La capacité de concentration

Une capacité de concentration exceptionnelle révèle un talent. La capacité à fixer toute son attention sur une tâche ou un objectif est rare.

Comme toute capacité, la concentration s'améliore grâce à l'exercice. Mais certains pratiquent la méditation et des exercices de concentration depuis des années et pourtant, leur attention s'échappe et vagabonde en moins de dix minutes. D'autres — peu nombreux — peuvent focaliser leur attention pendant des heures en faisant abstraction de tout le reste sans entraînement spécifique.

– Le talent oratoire

Les grands orateurs ont un talent oratoire...

Une grande intelligence verbale et linguistique peut favoriser un talent oratoire.

Mais de grands écrivains ne brillent pas à l'oral et des orateurs pourtant talentueux ont un faible niveau verbal et linguistique.

– Le talent d'acteur ou de comédien

La capacité exceptionnelle à incarner un personnage est un talent. C'est le talent d'acteur ou de comédien.

Le talent d'acteur ou de comédien est la capacité exceptionnelle à acquérir, développer et mettre en œuvre des compétences pour incarner un personnage.

– Le talent humoristique

L'humour peut reposer sur les mots. Mais les gestes, les mimiques et plus généralement la capacité à jouer un personnage peuvent être humoristiques.

L'humour est une capacité exceptionnelle à mobiliser des compétences dans un champ d'application déterminé. Il s'agit d'un talent à part entière.

– Le talent de motivation

Les motivateurs ont la capacité d'entraîner les autres.

Ils suscitent l'enthousiasme de ceux qui les entourent. Ils savent mobiliser les hommes et les femmes, non pas simplement sur un laps de temps très bref, mais dans la durée. Ils parviennent à associer les autres à leurs projets. À un niveau exceptionnel, la capacité à motiver révèle un talent.

– Le talent de négociation

Le talent de négociation est la capacité exceptionnelle à imposer son point de vue. Le négociateur de talent persuade et convainc son interlocuteur.

Le talent de négociation n'est pas le talent oratoire. L'orateur s'exprime face à la foule. Le négociateur convainc en tête-à-tête.

– La force morale

La force morale est la capacité à tenir bon et à endurer même dans les situations les plus périlleuses. Elle est à la fois volonté et patience : elle empêche d'être moralement anéanti par les difficultés.

La force morale est ce qui permet de tenir bon jusqu'au moment où il est opportun d'agir.

Une force morale d'un niveau exceptionnellement élevé est un talent.

– Le talent stratégique

À un niveau exceptionnel, la capacité à élaborer et mettre en œuvre des stratégies est un talent.

Le talent de stratège exige une intelligence visuelle et spatiale au minimum élevée.

Mais il faut plus qu'une grande capacité de visualisation pour faire un grand stratège. Le grand stratège doit prévoir, anticiper et décider de se lancer immédiatement dans l'action lorsque les conditions sont opportunes.

Le stratège doit aussi disposer d'une force morale élevée.

Enfin, il doit mobiliser les hommes et les femmes pour atteindre son objectif. Il doit savoir manipuler les passions.

Le talent de JFK

Un ami de la famille relevait : « Jack est le plus intelligent de tous les fils Kennedy. »[4]

Chuck Spalding qui l'a connu lors de leur formation aux vedettes lance-torpilles avait remarqué, chez lui « des dons littéraires et une aptitude à la réflexion. »[1] Étudiant à Harvard, il lisait beaucoup, montrait un esprit critique et avait le sens de la synthèse. Sorensen soulignait son excellente mémoire et son esprit de synthèse.

Le plus intelligent ?

Beaucoup relevaient l'intelligence de Jack, mais d'autres n'étaient pas convaincus. Ainsi John Kenneth Galbraith, le célèbre économiste qui a été son professeur puis son conseiller, se souvient du jeune Jack : il était « gai, charmant, irrévérencieux, beau garçon et peu intelligent. » (5)

Jack s'intéressait particulièrement aux relations internationales. Lorsqu'il était député, il parcourait le monde en compagnie de son frère Bobby. Président des

États-Unis, JFK avait évidemment une activité diplomatique soutenue. Cependant, on ne peut pas le compter parmi les meilleurs diplomates ou les plus grands experts en relations internationales du XXe siècle.

Le meilleur communiquant ?

Jack n'était pas un grand orateur. Lors de ses débuts politiques, juste après la fin de la Seconde Guerre mondiale, il « parlait d'une voix haut perchée, mal assurée. »[1] Il n'impressionnait pas. Lors de la campagne présidentielle, ce n'est certainement pas avec sa voix nasillarde qu'il a conquis les électeurs et battu Nixon. Son « débit de mitrailleuse » et son ton « monotone » ne le mettaient pas en valeur [5].

En revanche, il était doué pour la communication.

Les Américains n'avaient jamais élu de président catholique et JFK se voyait souvent reprocher de l'être, ce qui surprenait Jackie : « Il est tellement injuste de voir les gens s'en prendre à Jack parce qu'il est catholique ; c'est un si mauvais catholique ; s'il s'agissait de Bobby, je comprendrais... »[1]

Alors qu'on l'interpellait une fois encore sur sa religion, Jack rétorqua : « Personne ne m'a demandé si j'étais catholique quand je me suis engagé dans la marine américaine ; personne n'a demandé à mon frère s'il était catholique quand il est monté à bord d'un bombardier américain pour sa dernière mission de combat. »[1]

Lors des primaires démocrates, le candidat JFK déclara, toujours au sujet de la religion : « Si un président trahit le serment qu'il a prêté d'appliquer la Constitution, il ne commet pas seulement un crime contre celle-ci, pour lequel le Congrès peut et doit le démettre de ses fonctions, mais il pèche également contre son Dieu. »[1] Après cette mise au point, JFK n'a plus jamais été attaqué sur sa religion.

Mais la communication de JFK avait ses limites.

JFK lisait les articles des principaux journaux étatsuniens. Le magazine Time retenait toute son attention. Il félicitait les journalistes qui écrivaient des articles élogieux et se plaignait auprès de ceux qui ne lui donnaient pas satisfaction.

À l'automne 1963, son interventionnisme provoquait des grincements de dents. Plusieurs journalistes dénoncèrent ses méthodes. Ainsi Arthur Krock accusait le gouvernement de « manipulations directes et délibérées [...] mises en œuvre avec plus d'audace et de cynisme que sous n'importe quel gouvernement précédent. » Hanson Baldwin du Times relevait « des cas étonnants de propagande, de pression, de mainmise, de manipulation, de distorsion et de répression dans le domaine de l'information. »[1]

Quel était le talent de JFK ?

À l'âge de 3 ans, Jack avait été victime d'une grave épidémie de scarlatine. Alors qu'il était hospitalisé, les infirmières tombèrent toutes sous le charme du bébé. L'une d'elles a même écrit : « Tout le monde l'aimait tellement ! »[4]

Inga Arvad parle de Jack Kennedy à 24 ans : « lorsqu'il entre dans une pièce on sait qu'il est là, sans qu'il se mette en avant, sans qu'il cherche à dominer, mais en dégageant un magnétisme animal. »[4]

Jack a consacré beaucoup d'efforts pour rechercher et définir son domaine d'excellence. Chuck Spalding se souvient de ses réflexions : « Le mot "charisme" n'était pas encore à la mode en ce temps-là, mais Jack s'intéressait vivement à ce magnétisme envoûtant que possédaient les vedettes de l'écran. Qu'était-ce exactement? Comment pouvait-on l'acquérir? Quelle influence cela exerçait-il sur la vie privée du "porteur"? Comment ce dernier pouvait-il s'en servir à son profit? Jack était intarissable sur le sujet. »[1]

JFK a conquis les téléspectateurs américains dès le premier débat télévisé de la campagne présidentielle. Il a ensuite pris conscience, quand il était président, des avantages considérables que la télévision pouvait lui procurer. Il a largement utilisé son charisme sur le petit écran.

De nombreux observateurs étaient fascinés par son magnétisme. Son talent sautait aux yeux.

Et pourtant, JFK en a douté. Pendant la campagne présidentielle, ses discours étaient très suivis. Le public était très nombreux et l'applaudissait à tout rompre. Il y avait même des réactions quasi hystériques. JFK avait du mal à y croire lorsqu'il confiait à Chuck Spalding : « Est-il possible de voir quelque chose de pareil ? Est-ce que l'on peut en demander davantage ? À partir de maintenant, on ira en roue libre. »[1]

Pourquoi ces doutes alors que JFK était par ailleurs confiant et parfois même arrogant ? Son père a sa part de responsabilité. La culture familiale Kennedy instaurée par Joe Senior n'était pas toujours cohérente et pondérée.

Sa sœur Eunice se souvient de son enfance : Joe Junior et Jack étaient pour elle et les autres enfants Kennedy « des créatures merveilleuses, pratiquement divines, auxquelles nous nous efforcions de plaire. »[4]

Mais en 1946, après l'élection de Jack à la Chambre des représentants, Joe Senior avait déclaré : « Avec ce que cela m'a coûté, j'aurais pu aussi bien faire élire mon chauffeur. »[4]

Comme seuls les imbéciles ne changent pas d'avis, Joe Senior avait finalement reconnu le talent de son fils. Et il ne faisait pas dans la demi-mesure quand il déclarait à un journaliste peu avant la campagne présidentielle : « Jack est la plus grande attraction des États-Unis [...] Si vous voulez qu'un livre se vende bien, mettez sa photo sur la jaquette. Comment se fait-il que *Life* ou *Redbook* battent leur record de tirage quand ils publient son portrait en couverture ? Si vous annoncez qu'il assistera à un gala, il y aura plus de monde que jamais. Même Jimmy Stewart ou Gary Grant ne peuvent attirer des foules pareilles pour un dîner organisé au profit du parti. »[1]

On peut comprendre que Jack ait connu quelques difficultés pour reconnaître pleinement son talent.

Charisme et intelligence interpersonnelle

L'intelligence interpersonnelle est la capacité d'un individu à entrer en relation avec les autres et à les comprendre.

À quel niveau se situait l'intelligence interpersonnelle de JFK ?

JFK allait vers les autres. Il était sociable, agréable et charmeur. Il communiquait avec aisance même s'il n'était pas un orateur exceptionnel.

En revanche, il n'accordait que peu d'importance aux émotions et aux sentiments que pouvaient éprouver ses semblables et tout particulièrement les femmes.

Il considérait les jeunes femmes comme des objets sexuels qu'il collectionnait avec frénésie. Il recherchait le plaisir en multipliant les conquêtes. Il s'agissait de boulimie sexuelle. JFK était insensible affectivement et manquait cruellement d'empathie.

On peut en conclure que son intelligence interpersonnelle n'était pas très élevée. Et pourtant, il était charismatique.

Un grand président ?

JFK voulait marquer l'histoire des États-Unis. Il avait d'ailleurs confié à son ami Lem vouloir atteindre la « grandeur. »[1] JFK avait interpellé l'historien David Donald sur la grandeur et la médiocrité des présidents. Il lui demandait si Lincoln aurait été reconnu comme un grand président s'il n'avait pas été assassiné.

JFK a-t-il été un grand président ?

Son magnétisme lui a permis de devenir une icône. Il est resté populaire pendant toute la durée de son mandat. Il a marqué les hommes et les femmes en Amérique et au-delà. Il a été assassiné alors qu'il était un jeune président charismatique, ce qui a évidemment contribué à sa renommée post-mortem. Aujourd'hui encore JFK est un homme très célèbre.

A la Maison-Blanche, il a été largement aidé par son frère Bobby qui l'aidait à trancher dans les situations difficiles. Mais Bobby dans ses excès a peut-être aussi précipité sa perte.

Le bilan de JFK est mitigé. Ses choix n'ont pas toujours été judicieux. Gary Willis le décrit comme un « improvisateur. »[6] Un proche traduit son dilemme : « Dès le début, Jack avait été attiré par les personnages mythiques. Il aimait se considérer comme une version aérodynamique de FDR [Franklin Roosevelt]. Le seul ennui, c'était que la réputation de Roosevelt avait été bâtie sur quelques coups d'audace. Jack aurait bien voulu donner de lui-même une image héroïque, mais il était foncièrement prudent dans sa façon d'envisager l'exercice de son mandat présidentiel. »[1]

Assurément, il est difficile de paraître héroïque quand on éprouve les plus grandes difficultés à trancher...

Bibliographie

(1) Peter Collier et David Horowitz, Les Kennedy : une dynastie américaine, Éditions Payot, 1985

(2) François Forestier, Marilyn et JFK, Albin Michel, 2008

(3) François Forestier, JFK : le dernier jour, Albin Michel, 2013

(4) Claude Moisy, John Kennedy, Enfance et adolescence, Autrement, 1999

(5) Theodore C. Sorensen, Kennedy, Gallimard, 1966

(6) Wikipédia, Consultation du 5 octobre 2015